Heidrun Streit-Gallo

Komm mit ins Land der Träume

Heidrun Streit-Gallo

Komm mit ins Land der Träume

Meditations- und Phantasiereisen für Kinder

GRASMÜCK

Die Deutsche Bibliothek – CIP-Einheitsaufnahme

Streit-Gallo; Heidrun:
Komm mit ins Land der Träume: Meditations- und Phantasiereisen für Kinder /
Heidrun Streit-Gallo. Ill.: Andree Schneider. - Altenstadt: Grasmück, 2002
ISBN 3-931723-18-6

Alle Rechte – auch die des auszugsweisen Nachdrucks, der
fotomechanischen Wiedergabe und der Übersetzung – vorbehalten.

© Grasmück Verlag
Lindenweg 9, 63674 Altenstadt

ISBN 3-931723-18-6
1. Auflage 2002

Lektorat: Tanja Vetesnik
Illustrationen: Andree Schneider
Umschlaggestaltung: Maria Anna Schmitt
Satz & Litho: XPresentation, Boppard
Druck: FINIDR, s.r.o., Czech Republik

Inhalt

Vorwort	7
Einleitung	9
Entspannung	13
Die Suche nach der wertvollen Eigenschaft	15
Dein Sonnenengel	21
Die Reise in den Zaubergarten	27
Der Kristallpalast der Farben	31
Die Reise zum Stern der Ruhe	35
Das Geschenk der Elfen	39
Im Winzlingland	43
Der Flug mit dem Luftballon	49
Die Zeitreise	53
Bei den Tieren im Wald	59
Die Reise mit den Vögeln in den Süden	65
Der Baum	71
Das goldene Licht	75
Der Tropfen	79
Der weise Mann im Berg	83
Die Begegnung im Urwald	89

Vorwort

Wir leben in einer Zeit, die viele Neuerungen und Änderungen und somit auch Hektik mit sich bringt. Der Alltag verlangt nicht nur viel von den Erwachsenen, auch unsere Kinder werden schon sehr früh gefordert. Nicht allein in der Schule werden Leistungen von ihnen erwartet, oft ist auch die „Freizeit" völlig ausgefüllt. Wen wundert es, daß auch sie schon unter Streß leiden. Die Konzentration läßt nach, nicht selten werden sie von Ängsten geplagt.

Wie wichtig ist es da, ihnen die Möglichkeit zur Entspannung zu bieten.

Kinder lieben Geschichten, besonders jene, die sie selbst erleben können. Phantasiereisen erfüllen diese Vorlieben, und ermöglichen es darüber hinaus noch zu entspannen, Ängste abzubauen, Wohlbefinden zu erfahren.

Die vorliegende Sammlung von Phantasiereisen, die für Kinder im Schulalter gedacht ist, schrieb ich eigentlich als Arbeitsmaterial für einen Kinder-Entspannungskurs. Um jedoch vielen Kindern die Möglichkeit zu bieten, Ruhe und Harmonie zu erfahren, entschloß ich mich diese Phantasiereisen in einem Buch zusammenzufassen und an Sie weiterzugeben.

Einleitung

Das vorliegende Buch ist für Schüler gedacht, die Ausgeglichenheit und innere Ruhe suchen und Spaß am Meditieren haben. Nach einer einleitenden Entspannung können die Kinder, geführt von ihren Eltern, mit ihrer Phantasie auf Reisen gehen.

Dieses Buch ist in drei Gruppen gegliedert.

Im ersten Teil finden Sie einfache Geschichten, die sowohl für jüngere Kinder als auch für den Einstieg in die Meditation geeignet sind. In diesen Geschichten gehen die Kinder mit ihrer Phantasie auf Reisen zu Orten, die sie im realen Alltag nicht aufsuchen können. Dadurch wird zunächst das Unterbewußtsein angeregt, Bilder zu projizieren, die diesen Ort genau nach den Vorstellungen des Kindes gestalten. Das Kind schafft so eine Umgebung, in der es sich wohl fühlt. Es bekommt an diesem Ort jeweils ein Geschenk, das ihm im Alltag helfen soll, seine Probleme besser zu bewältigen. Zusätzlich enthalten diese Geschichten Erinnerungssätze. Diese sind im Text besonders hervorgehoben. Diese Erinnerungssätze sollen es dem Kind leichter machen, sich in seinem Alltag besser zu konzentrieren, Ängste abzubauen und mutiger zu werden. In der Regel werden diese Sätze dreimal wiederholt, so daß sie sich dem Kind leicht einprägen. Durch diese dreimalige Wiederholung werden dem Unterbewußtsein Impulse gegeben, die es ihm ermöglichen, die gesprochenen Sätze als Tatsachen anzusehen und diese somit zu verinnerlichen. Es ist ratsam, diese Sätze immer wieder, speziell vor oder in entsprechenden Situationen (z.B. Klassenarbeiten), zu benutzen, indem sie dreimal laut ausgesprochen werden, um so die Verinnerlichung der Worte zu unterstützen und dem Kind das Erlebnis der Phantasiereise ins Gedächtnis zu holen.

Ziel der Meditationen, die Sie im zweiten Teil des Buches finden, soll die reine Entspannung des Kindes sein. Hier steht sein Wohlbefinden im Vordergrund. In einigen dieser Geschichten kann es sich seinen Zielort selbst wählen. Ganz entspannt erlebt es hier kleine Abenteuer, findet neue Freunde oder empfindet einfach die Gefühle von Glück, Freiheit und Frieden.

Die dritte Rubrik bietet Phantasiereisen, die sich sowohl für fortgeschrittene Grundschüler, Jugendliche aber auch für Erwachsene eignen. Hier finden Sie u.a. die Möglichkeit, in die Wunder des Seins einzutauchen. Beispielsweise in der Geschichte **Der Baum** erleben Sie den Jahreskreislauf der Natur, der sich auch mit dem eigenen Leben vergleichen läßt. Hier sowie in der Geschichte **Der Tropfen** lassen sich die Umwandlung des Seins, der Existenz, erkennen. Desweiteren finden Sie hier Meditationen, in denen Sie an das Wissen des Unbewußten gelangen, sowie Kontakt zu heilenden Energien finden können.

Es empfiehlt sich, die Meditationen vorzulesen. Dabei ist folgendes zu beachten:

Voraussetzung ist zunächst eine ruhige Atmosphäre. Weder der Leser noch der Meditierende sollten sich in einer Streßsituation befinden. Oft ist die Zeit vor dem Einschlafen sehr günstig für eine geführte Meditation. Das Kind hat seinen Tag beendet und freut sich auf das Zusammensein mit dem Vorlesenden. Gemeinsam mit ihm steht dem Kind noch ein Erlebnis bevor, das es in seinen Träumen verarbeiten kann. Wenn Sie diesen Zeitraum wählen, können Sie die letzten Sätze der Phantasiereise, welche das Kind in seinen Alltag zurückholen, auslassen. So kann es gleich in den Schlaf hinübergleiten.

Der frühe Morgen, vor dem Aufstehen des Kindes, eignet sich ebenfalls gut für eine Meditation. Voraussetzung hierfür ist jedoch, daß Sie genügend Zeit haben, deshalb sollten Sie den Wecker ca. 15 - 30 Minuten früher stellen.
Die Vorteile dieses Zeitpunkts sind folgende:

- Das Kind ist noch völlig entspannt. (Hier kann auch die Entspannung vor der Geschichte entfallen)
- Die Alltagsgeschehnisse sind noch fern
- Das Kind kann die Erlebnisse mit in seinen Tag hinein nehmen und sie dort gleich umsetzen.

Ich empfehle diesen Zeitraum besonders dann zu nutzen, wenn bekannt ist, daß an diesem Tag besondere Anforderungen an das Kind gestellt werden, die durch die Phantasiereisen erleichtert werden können (z.B. die Konzentration während einer Klassenarbeit).

Desweiteren ist es hilfreich, eine gemütliche Umgebung zu schaffen. Zwischen Kissen und Decken fühlen sich viele Kinder geborgen und wohl. Vielleicht legen Sie sich auch zu Ihrem Kind ins Bett.

Günstig für eine tiefe Entspannung ist die Rückenlage. Sie bewirkt eine freie Atmung.

Sie können die Phantasiereisen aber auch im Sitzen durchführen. Kleinere Kinder kuscheln sich sicher gern in Ihren Schoß, und wenn Sie ihnen dann noch leicht den Rücken kraulen, ist schon die erste Stufe der Entspannung erreicht.

Das Wohlbefinden läßt sich noch durch sanfte Entspannungsmusik, eventuell mit Naturgeräuschen, unterstützen.

Wählen Sie jetzt eine Geschichte aus. Die kurzen Angaben vor dem Text sollen ihnen bei Ihrer Auswahl helfen.

Nun können Sie beginnen. Vor jeder Meditation sollten Sie jedoch die Entspannung durchführen, die das Kind auf die Phantasiereise vorbereitet. Es wird hierbei zunächst auf seine Atmung und auf seinen Körper aufmerksam gemacht. Dadurch wird das Kind langsam von seinen Alltagsgedanken fortgeführt, die es anschließend dem Wind anvertrauen kann, der sie mit sich fortträgt.

Lesen Sie die Entspannung langsam und mit ruhiger Stimme und lassen Sie dem Kind genügend Zeit, diese nachzuvollziehen. Gehen Sie anschließend zum gewählten Text über. Auch hier lesen Sie mit beruhigender Stimme in einem Tempo, das dem Kind die Möglichkeit gibt, die Bilder vor seinem inneren Auge zu erschaffen.

Lassen Sie dem Kind nach der Phantasiereise genügend Zeit, sich aus der Meditation zu lösen und gehen Sie nicht gleich wieder zum Alltag über. Fragen Sie das Kind nach seinen Erlebnissen. Vielleicht haben auch Sie während des Vorlesens Erfahrungen gemacht, die Sie nun mit dem Kind teilen möchten.

Haben Sie eine Geschichte aus dem ersten Teil des Buches gewählt, über egen Sie gemeinsam, welche Hilfen diese Geschichte enthält und wann und wie sie anzuwenden sind.
Nach einer Phantasiereise aus dem zweiten Teil wird das Kind sicher gern von seinen Abenteuern berichten, die es erlebt hat.
Besonders nach einer Meditation aus der letzten Rubrik sollten Sie sich mit dem Kind über die darin angesprochenen Themen unterhalten.

Viele Kinder drücken ihre Erlebnisse auch gern in einem selbstgemalten Bild aus. Bieten Sie daher zusätzlich auch diese Möglichkeit des Ausdruckes an. Sie hat den Vorteil, daß sich das Kind beim Anblick des Bildes, welches es möglicherweise an die Wand hängt, um es oft vor Augen zu haben, oder in einer Mappe sammelt, gleich wieder an seine Erfahrungen erinnert.

Und nun kann es wirklich losgehen. Ich wünsche Ihnen dabei viel Spaß und Erfolg.

Entspannung

Lege dich ganz entspannt hin. Schließe deine Augen und atme ganz ruhig ein und aus. Verfolge deinen Atem. Fühle, wie er sanft durch deine Nase einfließt und wieder durch sie entweicht. Spüre, wie du mit jedem Atemzug ruhiger wirst. Du fühlst, wie sich beim Atmen dein Brustkorb hebt und senkt. Während du ganz ruhig und gleichmäßig atmest beginnst du, dich zu entspannen.

Entspanne nun auch deinen Körper. Dies geht ganz einfach, indem du deine Gedanken zu den einzelnen Körperteilen hinlenkst.
Beginne mit deinen Füßen. Fühle deine Füße, wie sie ruhig daliegen. Spüre, wie sie warm werden. Dann lenke deine Aufmerksamkeit in deine Beine. Ruhig und schwer liegen sie auf ihrer Unterlage. Auch sie sind angenehm warm. Entspanne nun deinen Po und Bauch einfach, indem du daran denkst. In allen Körperbereichen, die du entspannst, fühlst du eine angenehme Wärme. Nun entspannst du deinen Rücken und deine Schultern. Mit dem nächsten Atemzug lockern sich die Muskeln deiner Brust. Auch deine Arme und Hände entspannen sich. Dein Kopf entspannt sich und mit ihm jeder deiner Gesichtsmuskeln. Es ist, als ob ein Lächeln auf deinem Gesicht liegt.

Dein ganzer Körper ist nun entspannt. All deine Muskeln, von den Fußsohlen bis zur Kopfhaut, sind locker und warm. Du fühlst dich ruhig und zufrieden und atmest weiterhin ruhig und gleichmäßig.

Jetzt entspanne noch deine Gedanken. Laß sie ziehen wie Wolken am blauen Himmel. Stell dir vor, jeder deiner Gedanken sei eine kleine weiße Wolke, die der Wind sanft davon treibt. Sie ziehen immer weiter. Sie werden immer schwächer, bis sie sich in der Ferne ganz auflösen. Dein Kopf ist ganz klar, so wie der blaue Himmel über dir.

Du bist nun völlig entspannt, fühlst dich glücklich und geborgen. Jetzt kannst du mit deiner Phantasie auf Reisen gehen.

Die Suche nach der wertvollen Eigenschaft

Diese Meditation hilft dem Kind, eine wertvolle Eigenschaft, wie Mut, Vertrauen, Kraft, Selbstbewußtsein, o.ä. zu finden. Es erfährt, daß all diese Eigenschaften in seinem eigenen Innern verborgen liegen und es allein mit dem Glauben an sich selbst den Zugang zu ihnen findet.
Weiß das Kind bzw. die Person, die diese Meditation vorliest, welche spezielle Eigenschaft erwünscht ist, so kann diese direkt angesprochen werden, das heißt, im Text wird diese Eigenschaft gleich durch das entsprechende Wort, z.B. Mut, ersetzt.

Entspannung ...

Stell dir vor, du sitzt an einem wunderschönen Ort, vielleicht auf einer Wiese, an einem Strand oder irgendwo in den Bergen. Du fühlst dich wohl und entspannt. Ganz gleichmäßig und ruhig atmest du ein und aus. Die Sonne wärmt deine Haut. Du hörst das Zwitschern der Vögel über dir und genießt die Stille. Schau dich um. Du bist umgeben von all den Dingen, die dir Freude bereiten. Dort ist dein Lieblingsspielzeug, da sind deine Freunde. Alles was du magst ist da. Genieße es, daß du an diesem wunderschönen Ort von all diesen Dingen umgeben bist.

Kurze Pause

Jetzt bemerkst du, daß da zwischen all den Menschen und Gegenständen etwas fehlt, etwas, was du dir für dich selbst sehr wünschst. Vielleicht ist es Mut. Vielleicht ist es Selbstvertrauen oder Kraft, oder vielleicht Konzentration und Wissen. Nimm dir einen Moment Zeit, um zu erkennen, was du brauchst.

Kurze Pause

Nachdem du nun weißt, was dir fehlt, beschließt du, diese Eigenschaft zu finden. Du machst dich auf die Suche.

Zunächst gehst du über einen schmalen Feldweg. Du spürst, wie deine Füße sachte in den weichen Boden einsinken und du so eine Spur hinterläßt. Du beobachtest einen bunten Schmetterling, wie er leicht vor dir her schwebt. Es scheint, als wolle er dich führen, und so folgst du ihm erwartungsvoll.

Dein Weg führt dich an einem kleinen Bach entlang. Munter plätschert er neben dir. In den Gräsern, die an seinem Ufer wachsen, schwirrt eine wunderschöne Libelle, und du nimmst dir die Zeit, sie im funkelnden Sonnenlicht zu beobachten. Ihre glitzernden Flügel schwirren eifrig auf und ab. Dir wird bewußt, daß du noch nie so lange und ausdauernd eine Libelle beobachtet hast, wie du es gerade eben tust.

Aber nun willst du deine Suche fortsetzen, um die ersehnte Eigenschaft zu finden. Wieder bemerkst du den Schmetterling, er führt dich nun über eine Wiese direkt auf einen großen Berg zu. Schnell hast du diesen Berg erreicht. Wie du vor ihm stehst, entdeckst du in der Felswand eine Öffnung, gerade groß genug, um in diesen Berg hineinzukriechen. Neugierig schaust du durch diese Öffnung, und da du dahinter ein seltsames Licht erkennst, schlüpfst du nun durch diese Öffnung in den Berg hinein.

Jetzt stehst du in einer hell erleuchteten Höhle. Von den Wänden strahlen glänzende Edelsteine in den herrlichsten Farben. Sie glitzern und funkeln, wie du es dir nicht schöner vorstellen kannst. Ganz entzückt stehst du da und staunst über diese wunderbare Pracht.

Plötzlich hörst du ganz leise eine liebliche Melodie. Aufmerksam lauschst du in den Berg hinein. Die Melodie wird lauter und du hörst, daß muntere Stimmen ein Lied zu ihr singen. Die Melodie und die Stimmen kommen näher, und nun hörst du das Tapsen vieler kleiner Schritte, die sie begleiten.
Immer näher kommen die Klänge. Du schaust in die Richtung, aus der die Töne kommen und erkennst einen Gang, der scheinbar aus dem Inneren des Berges kommt.

Dann wird es auf einmal still. Dort am Eingang des Ganges steht eine Gruppe lustiger kleiner Zwerge. Erstaunt schauen sie dich an. Nachdem sie erkannt haben, daß du lieb und friedlich bist, und sie sich nicht vor dir fürchten müssen, kommen sie mutig auf dich zu. Höflich nehmen sie ihre bunten Mützen ab und begrüßen dich freundlich in ihrem Berg. Neugierig fragen sie dich, warum du zu ihnen kommst. Du bist vielleicht selbst in diesem Moment etwas verwirrt. Doch dann fällt dir ein, daß du ja auf der Suche nach einer ganz bestimmten

Eigenschaft bist, und daß dir die Zwerge vielleicht bei dieser Suche helfen können, oder dir wenigstens den Weg zu deinem Ziel zeigen können. All dies erzählst du den kleinen Wichten. Nachdenklich kratzt sich einer der Zwerge am Kopf. Ein anderer krault sich seinen langen weißen Bart, und ein Dritter reibt sich seine kleine runde Nase, während sie alle gemeinsam überlegen, wie sie dir helfen können.

Nach einer Weile tritt ein Zwerg aus der Gruppe hervor. Seine Augen beginnen zu leuchten, als er dir von Luisa, der guten Fee erzählt, die bei den Elfen auf der Märchenwiese wohnt. Er verrät dir, daß Luisa sehr weise ist, daß sie dir bestimmt helfen kann, und da die Märchenwiese ganz in der Nähe ist, wollen sie dich dorthin begleiten. Dankbar nimmst du das Angebot deiner neuen Freunde an. Und schon haben sie dich in ihre Mitte genommen und marschieren mit dir durch die glitzernde Höhle, direkt auf den Gang zu, durch den sie eben hereinkamen. Auch hier in dem Gang ist es hell und funkelnde Edelsteine schimmern an den Wänden.

Schon nach wenigen Schritten siehst du, wie das Sonnenlicht in den Berg hinein fällt. Und wenig später hast du mit der kleinen Gruppe seinen Ausgang erreicht. Ihr tretet hinaus, und schon steht ihr auf der wunderschönen Märchenwiese. Hier verabschieden sich die Zwerge von dir. Sie wünschen dir alles Gute für deine weitere Suche. Freundlich bedankst du dich bei ihnen für ihre Hilfe.

Dann blickst du dich um. Wunderschöne Blumen wachsen hier. Ihre Farben leuchten und ihr Duft hüllt dich ein. Einige Blumen sind groß wie Bäume, so daß du dich in ihren Schatten stellen kannst. Andere wachsen in bunten Büschen auf der herrlichen grünen Wiese. Hier und dort huscht eine kleine zarte Elfe an dir vorbei. Ihre Bewegungen scheinen von einem lieblichen Gesang begleitet zu sein.

Ein ganz feierliches Gefühl breitet sich in dir aus. Während du noch staunend dort stehst, siehst du, wie ein helles Licht näher kommt. Du erkennst eine zarte Gestalt. Schnell kannst du sie deutlicher erkennen. Und dann steht sie vor dir - eine wunderschöne Fee. Es ist Luisa. Sie reicht dir ihre weiche Hand und begrüßt dich auf ihrer Märchenwiese.

Da Luisa sehr weise ist, weiß sie bereits, daß du auf der Suche nach der erwünschten Eigenschaft bist. Sie ist gern bereit, dir zu helfen. Liebevoll nimmt sie dich an der Hand. Sie führt dich eine Treppe hinab. Es geht tiefer und tiefer und du spürst, daß du dich einem ganz besonders wertvollen, ja fast heiligen Ort, näherst. Alles um dich herum leuchtet und strahlt. Liebe und Wärme hüllen dich ein. Du bist erfüllt von Frieden, während du immer tiefer steigst.

Bald habt ihr ein wunderschönes Tal erreicht und dort erkennst du die wunderbare Eigenschaft, die du dir so sehr gewünscht hast und die du so lange gesucht hast. Du gehst auf sie zu, spürst sie. Du nimmst sie ganz deutlich wahr und fühlst, wie sie in dich eindringt, sich mehr und mehr in dir ausbreitet, dich ausfüllt und ein Teil von dir wird.
Dankbar und glücklich genießt du dies.

Kurze Pause

Du hast ein merkwürdiges Gefühl. Es erscheint dir, als befindest du dich in dir selbst. Erstaunt erzählst du Luisa von diesem Gefühl. Lächelnd blickt sie dich an und nickt dir zu. Sanft spricht sie zu dir: „Du allein hast alle wunderbaren Eigenschaften, die du suchst und brauchst, tief in dir. Wenn du an dich glaubst, wirst du all diese Eigenschaften dort finden. Du brauchst keine Hilfe von außen. Du brauchst nicht außen danach zu suchen. In dir allein sind all diese wahren Schätze enthalten, die dich glücklich machen. Glaube an dich."

Glücklich spürst du, daß all dies wahr ist. Du spürst die ersehnte Eigenschaft in dir und weißt, daß sie dich nie wieder verlassen wird.

Kurze Pause

Während sich das neue Wissen mehr und mehr in dir ausbreitet, verabschiedet sich Luisa von dir. Doch du weißt, auch sie ist in dir und wird immer für dich da sein. Du brauchst sie nur zu rufen.

Glücklich atmest du tief durch. Du spürst die neue Eigenschaft in dir, und hörst noch einmal Luisas Worte: „Du allein hast alle wunderbaren Eigenschaften, die du suchst und brauchst, tief in dir. Wenn du an dich glaubst, wirst du all diese Eigenschaften dort finden. Du brauchst keine Hilfe von außen. Du brauchst nicht außen danach zu suchen. In dir allein sind all diese wahren Schätze enthalten, die dich glücklich machen. Glaube an dich."
Dann nimmst du allmählich deinen Körper wieder wahr. Du bewegst deine Arme und Beine. Ganz langsam wirst du wach und öffnest deine Augen, und du bist glücklich und zufrieden, zurück im Hier und Jetzt.

Dein Sonnenengel

In dieser Meditation begegnet das Kind seinem Sonnenengel. Es hat die Möglichkeit diesen Engel zunächst einmal kennen zu lernen, um in späteren Meditationen seinen Rat und seine Hilfe zu erbitten.

Stell dir vor, du befindest dich an einem wunderschönen See. Du hörst das sanfte Rauschen des Schilfgrases im Wind und beobachtest ein Entenpaar, das gemächlich ans Ufer watet, um es sich dort in seinem weichen Nest gemütlich zu machen. Du spürst die letzten wärmenden Sonnenstrahlen auf deiner Haut, die die Sonne zur Erde sendet, bevor sie ganz allmählich zu versinken beginnt. Golden läßt sie den Himmel erstrahlen, und du schaust zu, wie ihr Licht sich langsam rosa und rot verfärbt. Der Sonnenuntergang spiegelt sich auf der klaren Oberfläche des Sees und läßt ihn fast ein bißchen unwirklich erscheinen.

Du hast dir einen gemütlichen Platz gesucht, fühlst dich glücklich und geborgen. Stille breitet sich mehr und mehr um dich herum aus. Du weißt, daß dich immer ein Engel begleitet, und auch jetzt nimmst du seinen Schutz wahr, der dich umgibt.

Immer tiefer sinkt der goldene Sonnenball, bis er schließlich ganz verschwunden ist und dem Abendhimmel seinen Platz überläßt. Der runde Vollmond taucht die Landschaft in einen märchenhaften Glanz. Du schaust zum Himmel auf und siehst dort oben die ersten goldenen Sterne glitzern. Schnell werden es mehr und mehr. Wunderschön leuchten sie zu dir herab, und du fühlst, daß sie dir alle ein Geheimnis aus der Unendlichkeit zuflüstern wollen.

Ganz still und andächtig sitzt du da und genießt die Ruhe und Stille, die sich auch in dir mit jedem Atemzug mehr ausbreitet.

Nun verspürst du den Wunsch, in das seichte warme Wasser des Sees zu steigen. Weich wie Samt schmiegt es sich um deinen Körper. Es hüllt dich ein. Im weißen

Licht des Mondes nimmst du in diesem See ein Bad. Du fühlst, wie das klare, weiche Wasser dich reinigt. Es wäscht alles von dir ab, was dich vielleicht bedrückt, alle traurigen Gedanken, allen Ärger, allen Streit, alles Unverständnis.

Du fühlst dich frei. Spürst den Frieden, der sich in dir ausbreitet und genießt dein Bad im Mondlicht, solange du magst. Dann steigst du heraus aus dem See. An seinem Ufer findest du ein weiches Handtuch und warme Kleider, in die du dich einhüllst. Wärme durchströmt deinen Körper und schenkt dir Wohlbefinden.

Wieder läßt du dich am Rande des Sees nieder und schaust in den Sternenhimmel auf. Dort entdeckst du nun einen Stern, der besonders hell zu dir herableuchtet. Während dein Blick auf diesem Stern ruht, siehst du, daß er einen dicken goldenen Strahl genau zu dir herabsendet. Dieser goldene Strahl kommt immer näher auf dich herab. Er erreicht dich und hüllt dich ein. Du spürst das goldene Licht um dich herum. Spürst, wie es auch durch deinen Körper fließt. Du weißt, in diesem Licht bist du geborgen. Du kannst dich ihm völlig anvertrauen.

Mit einem Mal fühlst du, wie dein Körper ganz leicht wird, wie er von dem goldenen Licht angehoben wird und ganz sanft und allmählich in dem Lichtstrahl zu steigen beginnt. Immer höher und höher schwebst du in diesem Licht, doch du fühlst dich sicher und geborgen. Du weißt, daß etwas ganz Besonderes auf dich wartet.

Wenn du einmal hinab zur Erde schaust, siehst du den See schon ganz klein unter dir liegen und du spürst, wie dich das Licht immer höher hinaufträgt, hinaus in das Universum. Vorbei an unserem guten alten Mond geht dein Flug. Schau, er scheint dir zuzulächeln und dir eine gute Reise zu wünschen. Du schwebst vorbei an den Sternen, siehst die Planeten. Du nimmst die Stille wahr und genießt die Geborgenheit, die dir das goldene Licht schenkt.

Immer weiter schwebst du hinaus in das Universum, bis du allmählich ein großes goldenes Lichtfeld am Ende des Strahles erkennst. Du schwebst darauf zu und du weißt, daß dort das Ziel deiner Reise ist. Sanft wirst du nun von diesem goldenen Lichtfeld empfangen. Staunend trittst du durch ein glänzendes Tor. Goldene Säulen ragen vor dir auf. Rings um dich herum glitzert und schimmert es, und du spürst die tiefe Liebe, die hier zu Hause ist. Nichts kann diese Liebe zerstören. Laß dir nur Zeit, dich ganz von ihr einhüllen zu lassen. Genieße sie.

Nach einer Weile schaust du dich um. Du entdeckst einen wunderschönen Brunnen, aus dem das Wasser kristallklar herausplätschert. Und nun siehst du auch eine wunderschöne Lichtgestalt neben diesem Brunnen. Liebevoll hat sie ihre Arme ausgebreitet, um dich zu empfangen. Gehe auf sie zu und spüre die vertraute Nähe deines Sonnenengels. Er freut sich, daß du heute diese Reise zu ihm machst, um mit ihm beisammen zu sein. Begrüße ihn und genieße seine Umarmung.

Dein Sonnenengel kennt dich ganz genau. Er kennt dich schon seit Anbeginn der Zeit. Er weiß von all deinen Aufgaben, deinen Zielen und deinen Wünschen. Er ist dein Ratgeber und Helfer. Du kannst dich immer vertrauensvoll an ihn wenden. Du mußt nur aufmerksam sein, um seine Botschaften und Ratschläge zu empfangen. Manchmal schickt er sie dir als Worte, die du in dir hörst, manchmal zeigt er dir Bilder vor deinem inneren Auge, manchmal schenkt er dir ein Gefühl, das dich leitet.

Wenn du diese Reise zu deinem Engel heute zum ersten Mal machst, genießt du vielleicht erst einmal das Beisammensein mit ihm und machst dich mit ihm vertraut, lernst seine Art zu dir zu sprechen kennen und verstehen. Hab keine Erwartungen, vertraue einfach auf das was du fühlst und wahrnimmst. Und lasse dir Zeit dabei.

Kurze Pause

Wenn du diese Reise schon häufiger gemacht hast, oder deinen Sonnenengel schon kennst, kannst du ihm, wenn du magst, nun eine Frage stellen oder ihn um einen Rat bitten. Laß dir Zeit seine Antwort zu empfangen und vertraue einfach auf das, was geschieht.

Kurze Pause

Ganz allmählich kommt nun der Augenblick, da du zurückkehren mußt. Du dankst deinem Sonnenengel für die Zeit mit dir und für all das, was er dir gibt und gegeben hat. Auch wenn du nun bald diesen Raum des goldenen Lichtes verlassen wirst, weißt du doch, daß dein Sonnenengel dich immer begleitet und deine Wege stets so lenkt, daß sie zu deinem Besten sind.

Mit diesem Wissen nimmst du nun Abschied und trittst hinaus durch das glänzende Tor. Du schaust dich noch einmal um und winkst deinem Sonnenengel zu, während dich der goldene Lichtstrahl wieder ganz sanft einhüllt, um dich nach Hause zu tragen. Wieder fühlst du, wie dein Körper ganz leicht wird. Geborgen gleitet er im goldenen Lichtschein hinab zur Erde, vorbei an all den Planeten und Sternen. Du erkennst schon unseren guten alten Mond wieder, der dich nun freudig begrüßt, bevor du dann ganz sachte wieder von der Erde aufgenommen wirst und auf der weichen Wiese neben dem See landest.

Der Tag beginnt zu dämmern. Du siehst, wie die goldenen Sterne in der Morgendämmerung immer blasser werden und wie sich auch der Mond verabschiedet, nachdem er die Sonne begrüßt hat und sie ihren Platz eingenommen hat.
Während du nun tief einatmest, spürst du, wie du allmählich wacher wirst und in deinen Alltag zurückkehrst. Du spürst deinen Körper wieder, spürst deine Arme und Beine. Völlig ausgeruht kehrst du zurück in deinen Tag.

Die Reise in den Zaubergarten

Auf der Lieblingswiese in der Phantasiereise lernt das Kind zunächst einmal seine Vorstellungskraft zu entwickeln. Es wird angeregt, seine Sinne zu gebrauchen, zu sehen, zu fühlen, zu hören und zu riechen. Im Zaubergarten erhält es einen Wunderstein, der ihm hilft, sich besser zu konzentrieren. Diese Geschichte enthält einen Erinnerungssatz, der dem Kind die Möglichkeit gibt, seine Gedanken zu ordnen.

Entspannung .....

Stell dir vor, du bist auf einer wunderschönen Wiese. Sieh dich um, erschaffe in deiner Vorstellung deine Lieblingswiese. Es ist ganz einfach. Alles was du dir vorstellst, erscheint vor dir: das weiche Gras, viele bunte blühende Blumen. Du riechst ihren Duft, siehst ihre leuchtenden Farben. Du siehst Bäume um dich herum, deren Äste sich sachte im Wind wiegen und dir leise zuflüstern. Über dir hörst du das Zwitschern der Vögel. Du wirst ganz ruhig, immer ruhiger. Du siehst kleine Käfer im Gras krabbeln, schaust einem Schmetterling zu, der ganz leicht von einer Blüte zur anderen fliegt.

Während du dem Schmetterling zuschaust, bemerkst du, wie du noch ruhiger und ganz leicht wirst. Du wirst so leicht wie der Schmetterling und spürst nun, daß du wie dieser Schmetterling fliegen kannst. Stell dir vor, du schwebst wie ein Schmetterling von Blüte zu Blüte, schnupperst ihren süßen Duft, fühlst ihre weichen Blätter und fliegst dann munter weiter.

Der Wind hebt dich sanft empor, den dünnen Wolken entgegen. Du bemerkst die Wärme der Sonne auf deiner Haut und fühlst, wie leicht du durch die Luft gleitest. Wenn du nach unten schaust, siehst du Städte und Dörfer, Wiesen und Felder, Berge, Flüsse und Seen.
Nun siehst du unter dir einen wunderschönen Garten. Sanft gleitest du auf ihn zu. Du suchst dir einen schönen Platz, an dem du landen möchtest.

Ganz behutsam läßt du dich nieder. Jetzt schaust du dich um. Alles ist hier anders als in einem gewöhnlichen Garten. Die Blumen leuchten in den herrlichsten Farben. Einige sind groß wie Bäume, andere winzig klein. Sie duften alle wunderbar süß. Die Sonne strahlt hier viel heller, als du es jemals erlebt hast. Alles glitzert und leuchtet in ihrem Licht. Du siehst seltsame Tiere, die du vielleicht aus Märchen kennst. Es ist möglich, daß du ein Einhorn oder ein anderes geheimnisvolles Tier entdeckst. Sie alle sind ganz friedlich und lieb zu dir. Vielleicht kommt eines ganz nah zu dir heran und du kannst es streicheln. Alles in diesem Garten ist ganz zauberhaft. Du staunst. Ja, du befindest dich in einem Zaubergarten. Schau dich einen Moment ruhig um, und entdecke, was es hier noch zu sehen gibt.

Kurze Pause

Nun hörst du aus der Ferne ein liebliches Singen, das schnell näher kommt. Tanzende Feen und Blumenelfen kommen auf dich zu. Anmutig bewegen sie sich über die Wiese. Du siehst, wie sich jemand aus dieser Gruppe löst und direkt auf dich zukommt. Immer näher kommt das Wesen, und nun kannst du eine wunderschöne Fee erkennen. Schau sie dir genau an. Ganz sanft streichelt sie dir über dein Haar und du spürst, wie du noch ruhiger und entspannter wirst. Unendlich lieb begrüßt sie dich und nimmt dich in ihre weichen Arme. Du spürst, wie es in deinem Herzen warm wird. Du weißt, daß du bei ihr völlig geborgen bist, fühlst dich sicher und gut. In dir spürst du, wie dein Mut immer größer wird und alle Ängste ganz klein werden, bis sie sich völlig auflösen.

Die gute Fee reicht dir einen Stein. Er hat deine Lieblingsfarbe. Er funkelt und glitzert in deiner Hand. Du erkennst sofort, daß es ein Wunderstein ist. Er fühlt sich herrlich warm in deiner Hand an und läßt eine unbekannte Kraft in dich einfließen. Diese Kraft hilft dir, dich zu konzentrieren. Du fühlst, wie dein Kopf mit seiner Hilfe klar und frei wird. Deine Gedanken ordnen sich. Es ist, als ob für alle Dinge, die dich beschäftigten, eine Schublade vorhanden sei, in die sie nun einsortiert werden. Du bist konzentriert bei der Sache. Die gute Fee spricht zu dir. Wie eine Melodie dringen ihre Worte in dein Ohr: „Dieses ist dein Wunderstein. Er macht deinen Kopf frei und klar."

Erstaunt blickst du auf den Stein in deiner Hand. Du wiederholst in deinen Gedanken die Worte der Fee: „Dieses ist mein Wunderstein. Er macht meinen Kopf frei und klar." Bei diesen Worten spürst du, wie du dich mit Hilfe des Steins immer besser konzentrieren kannst. Daher wiederholst du die Worte noch einmal. „Dieses ist mein Wunderstein. Er macht meinen Kopf frei und klar."

Du kannst kaum deinen Blick von diesem Stein wenden. Doch er ist nur für dich sichtbar, und nur du kannst seine Kraft fühlen. Wenn du später deine Augen öffnest, kannst du ihn vielleicht nicht gleich sehen. Aber sei dir sicher, er ist immer bei dir. Du mußt nur an ihn denken und schon schenkt er dir seine Kraft. Du kannst ihn immer benutzen, wenn du ihn brauchst, z.B. in der Schule und besonders bei Klassenarbeiten.

Bewahre deinen Stein gut auf. Vergiß nicht, dich bei der guten Fee für dieses wertvolle Geschenk zu bedanken.

Langsam wird es Zeit, den Zaubergarten zu verlassen. Die gute Fee nimmt dich an ihre Hand und begleitet dich zu einem großen Tor, das aus dem Zaubergarten hinausführt. Hier verabschiedest du dich von ihr. Doch du weißt, daß ihr euch bald wiedersehen werdet.

Dann trittst du durch das Tor. Du stehst wieder auf deiner Lieblingswiese. Du atmest tief durch, nimmst deinen Körper wahr und kommst ganz langsam zurück in deine Welt. Du öffnest deine Augen und schaust dich im Raum um. Wenn du magst, recke und strecke dich und sei wieder ganz zurück.

Der Kristallpalast der Farben

Im Kristallpalast der Farben lernt das Kind die Wirkung der Farben Grün, Blau, Rot und Gelb auf sein Wohlbefinden kennen. Durch die entsprechenden Farben sowohl in der Umgebung als auch in der Kleidung können die entsprechenden Empfindungen herbeigeführt bzw. verstärkt werden.

Entspannung .....

Stell dir vor, du sitzt auf deiner Lieblingswiese. Alles um dich herum ist wie immer. Die Blumen leuchten und duften. Die Sonne wärmt deine Haut und sanfter Wind streicht kühlt über dein Gesicht.

Du liegst auf der Wiese und schaust in den Himmel. Du schaust den Wolken zu, die wie kleine Schäfchen über den Himmel wandern. Ihr Hirte, der Wind, treibt sie sacht vor sich her. Du siehst ihnen zu und wirst immer ruhiger.

Nach einer Weile entdeckst du dort am Himmel einen wunderschönen Regenbogen. Du folgst dem Regenbogen mit deinem Blick und bemerkst, daß er ganz in deiner Nähe auf der Wiese beginnt. Plötzlich weißt du, daß du über diesen Regenbogen gehen kannst. Schnell erhebst du dich und läufst auf ihn zu. Vorsichtig setzt du deinen Fuß auf ihn. Tatsächlich, er trägt dich. Dein Schritt wird ganz sicher und du kannst über den Regenbogen gehen, wie über eine Brücke. Während du über diese Regenbogenbrücke gehst, steigst du durch die einzelnen Farben. Durch das Rot und Orange, weiter durch das Gelb und Grün. Von dort gelangst du in ein helles Blau, das immer dunkler wird und dich ins Violett führt. Du genießt das herrliche Licht und fühlst dich ganz geborgen.

Nun bist du am Ende der Brücke angekommen. Du stehst jetzt wieder im hellen Licht. Die Regenbogenbrücke hat dich in eine Märchenwelt geführt. Um dich herum ragen riesige Kristalle in den Himmel, so hoch, daß sie sich mit ihren Spitzen zu berühren scheinen und so einen Kristallpalast bilden. Das Licht, das durch sie hindurch fällt, glitzert und funkelt, wie du es dir schöner nicht vorstellen kannst. Du stehst ganz verzaubert in diesem glitzernden Paradies, schaust dich um und genießt die funkelnde Pracht.

Du hörst ein silbriges Singen, und wie du dich umschaust, erkennst du deine Märchenfee. Sie kommt auf dich zu und begrüßt dich herzlich im Kristallpalast der Farben. Erstaunt fragst du die gute Fee, welche Bedeutung all dies hat und sie antwortet dir: „Suchst du Wohlbefinden und findest es nicht, tauche ein ins Farbenlicht."

Da du etwas erstaunt schaust, nimmt dich deine Fee bei der Hand und geht mit dir in einen Raum, in dem die Kristalle das Licht in einem wunderschönen Grün brechen. Von allen Seiten, selbst von oben und unten strahlt dieses wunderschöne grüne Licht auf dich herab. Es scheint durch dich hindurch zu strahlen, so daß selbst du in diesem wunderbaren grünen Licht leuchtest.

Und wie du so im grünen Licht stehst und strahlst, spürst du, wie du ganz ruhig wirst. Ganz tiefe Ruhe breitet sich in dir aus. Du genießt die grüne Ruhe und fühlst, wie Unzufriedenheit und Ungeduld von dir weichen, wie du ruhig, zufrieden und geduldig wirst. Genieße dies eine Weile still.

Kurze Pause

Du hörst die gute Fee zu dir sprechen: „Brauchst du Ruhe, Frieden, Geduld und findest sie nicht, tauche ein ins grüne Licht."

Nach einer Weile nimmt dich die Fee wieder an die Hand und führt dich in einen Raum, in dem das Licht leuchtend rot auf dich strahlt. Wieder scheint es dich zu durchdringen, so daß du selber dieses rote Licht ausstrahlst. Und wie du so dort stehst, bemerkst du, wie du ganz mutig wirst. Du spürst deine eigenen Kräfte, fühlst wie sie in dir wachsen. Du genießt auch dieses Gefühl und hörst die Stimme der Fee: „Brauchst du Mut oder Kraft und findest sie nicht, tauche ein ins rote Licht."

Deine Fee greift sanft deine Hand und führt dich in den nächsten Raum. Hier stehst du in blauem Licht. Es fällt durch die glitzernden Kristalle. Es durchdringt dich und läßt dich in diesem herrlichen Blau strahlen. Du fühlst eine innere Stille und Sanftheit in dir aufsteigen. Du spürst, daß dir diese Farbe auch helfen wird, wenn du einmal nicht einschlafen kannst. Genieße das blaue Licht in deinem Körper. Steh einfach dort und genieße es.

Kurze Pause

Und du hörst wieder die Fee sprechen. „Brauchst du Stille, Sanftheit oder Schlaf und findest diese nicht, tauche ein ins blaue Licht."

Noch einmal führt dich die Fee weiter und bringt dich in einen letzten Raum. Hier fällt das Licht in gelben Strahlen auf dich herab. Wieder fließt es in dich ein und du strahlst dieses gelbe Licht selbst aus. Du spürst, wie dein Kopf ganz klar und immer klarer wird. Alle Nebengedanken bleiben zurück. Du bist wunderbar konzentriert und denkst gleich daran, wie dir die gelbe Farbe in der Schule und besonders bei der nächsten Klassenarbeit helfen kann. Gleichzeitig spürst du, wie sich Freude in dir ausbreitet. Du fühlst dich ganz glücklich. Du könntest tanzen, springen und lachen. Und während du dich vor lauter Freude im Kreis drehst, hörst du deine Fee sprechen: „Brauchst du Konzentration und Freude und findest sie nicht, tauche ein ins gelbe Licht."
Während diese Worte noch in dir klingen, genießt du noch eine Weile dieses gelbe Licht. ...

Kurze Pause

Sanft berührt dich die gute Fee an der Schulter und erinnert dich daran, daß es Zeit wird, den Kristallpalast zu verlassen.

Langsam geht ihr auf den Ausgang des Palastes zu. Dabei kommt ihr noch einmal durch einen Raum, in dem das Licht weiß durch die Kristalle glitzert. In dem weißen Licht sind alle Farben enthalten, und so fühlst du noch einmal alles was du im Kristallpalast erlebt hast: Ruhe, Zufriedenheit und Geduld. Mut und Kraft. Innere Stille und Sanftheit. Konzentration und Freude.

Du hörst die Stimme der Märchenfee, die ganz sanft in deinem Ohr singt: „Brauchst du Wohlbefinden und findest es nicht, tauche ein ins Farbenlicht."

Ihr seid nun am Ausgang des Kristallpalasts der Farben angelangt. Hier verabschiedest du dich von deiner Fee. Zum Abschied überreicht sie dir einen Schlüssel, den nur du sehen und fühlen kannst. Mit ihm kannst du jederzeit den Kristallpalast der Farben betreten und die Farben in dich einfließen lassen, die du gerade brauchst. Dann gehst du durch das Tor und stehst wieder auf der Wiese.

Ganz tief atmest du durch, spürst, wie du mit jedem Atemzug wacher wirst. Du fühlst deinen Körper, streckst deine Beine, reckst deine Arme. Dann öffnest du deine Augen und bist wieder ganz wach, zurück in diesem Raum.

Die Reise zum Stern der Ruhe

Diese Geschichte lädt zu einem Abenteuer im Weltall ein. Auf einer kleinen Wolke reist das Kind, in Begleitung seines Schutzengels, ins Universum. Schon auf der Wolke fühlt es sich zutiefst geborgen und entspannt. Auf dem Stern der Ruhe kann es, von allen Anforderungen befreit, ausruhen und neue Kräfte sammeln. Auch hier ist ein Erinnerungssatz enthalten.

Entspannung .....

Du sitzt wieder auf deiner Lieblingswiese. Die Sonne scheint und wärmt deine Haut. Über dir zwitschern die Vögel. Du fühlst dich glücklich und zufrieden. Du schaust in den Himmel und siehst den Wolken zu. Dabei wirst du immer ruhiger und entspannter.

Wie du so den Wolken zuschaust, bemerkst du, wie eine besonders weiche Wolke zu dir niedersinkt und sachte vor dir landet.

Während du erstaunt schaust, entdeckst du ein zartes, leuchtendes Wesen neben dir. Es begrüßt dich und erklärt dir, daß es dein Schutzengel und Helfer ist und dich heute zu einer ganz besonderen Reise einladen möchte. Es bittet dich, auf der Wolke Platz zu nehmen. Gern nimmst du diese Einladung an, und sobald du es dir auf der Wolke gemütlich gemacht hast, fühlst du dich sicher und geborgen. Erst jetzt entdeckst du, daß diese Wolke in einem unendlich langen, goldenen Lichtstrahl liegt, der weit über den Himmel hinausragt. Das freundliche Wesen nimmt nun neben dir Platz, und schon beginnt eure Reise.

Langsam und sachte hebt sich die Wolke von der Wiese. Du schaust hinab und siehst deine Lieblingswiese unter dir. Ein Baum winkt dir mit seinen grünen Zweigen zu und wünscht dir eine gute Reise. Und schon steigt ihr höher über Wälder und Flüsse. Die Städte unter euch werden immer kleiner. Wie Spielzeug sehen sie von hier oben aus. Und weiter geht eure Reise. Berge und Seen liegen unter euch. Ihr steigt noch höher und könnt schon die Erdteile unter euch erkennen.

Du fühlst dich sicher und geborgen, während die Wolke im Glanz des goldenen Lichtstrahls höher und höher steigt. Nun verlaßt ihr sogar die Erde und fliegt hinaus ins Weltall. Obwohl es hier normalerweise dunkel ist, seid ihr geborgen im hellen Lichtstrahl. Ihr könnt nun deine Heimat, die Erde, als große blaue Kugel im Weltall sehen. Während ihr am Mond vorbeifliegt und die vielen Planeten um euch herum aufleuchten, seht ihr die Erde immer kleiner werden, bis euer Auge sie nicht mehr wahrnehmen kann.

Ganz entspannt liegst du auf deiner Wolke, während du die Sterne der Milchstraße an dir vorüberziehen siehst. Immer ruhiger wirst du. Du spürst, wie alles von dir abfällt. Nichts wird hier von dir verlangt. Es gibt nur dich und deinen Schutzengel. Und das genießt du.

Jetzt siehst du, wie ihr euch einem goldenen Lichtfeld nähert. Dein Schutzengel erklärt dir, daß ihr bald auf einem Stern der Ruhe landen werdet. Schon taucht ihr in das goldene Lichtfeld ein und setzt sachte mit eurer Wolke auf dem Stern der Ruhe auf. Vorsichtig betretet ihr den festen Boden des Sterns. Du fühlst, wie sich eine ganz tiefe Ruhe in dir ausbreitet. Du schaust dich um, siehst die Schönheit dieses Sterns. Leise Töne erklingen um dich herum. Die Luft ist angenehm warm und es duftet zauberhaft.

Du suchst dir einen Platz im goldenen Licht und machst es dir hier gemütlich. Du bist ganz ruhig. Du spürst, wie du dich mehr und mehr entspannst und so immer leichter wirst. Wärme und Geborgenheit umgeben dich und du genießt es, einfach so dort zu sitzen, fern von allen Mühen und Aufgaben. Und dir kommt eine Idee. Du denkst: „Bin ich erschöpft, dann reise ich gern, weit fort zu meinem Ruhestern."

Noch eine Weile sitzt du ruhig da. Dann siehst du eine Stelle, an der das goldene Licht wie ein Wasserfall von einem Berg herabfällt. Du gehst darauf zu und stellst dich unter dieses Licht. Nun siehst du, daß Millionen kleiner goldener Sternchen auf dich nieder fallen. Sie haben viele Eigenschaften, die sie dir schenken. Da ist die Liebe. Du fühlst, wie sich dein Herz weitet und spürst alle Liebe dieser Welt in dir. Da sind die Sterne, die dir neue Ideen schenken. Du streckst deine Hand aus und fängst einen Stern auf, der dir hilft, immer aufmerksam und konzentriert zu sein. Diesen Stern steckst du in deine Tasche, da du dir gleich denkst, daß du ihn gut in der Schule gebrauchen kannst.

Du bleibst eine ganze Weile unter diesem Sternenregen stehen. Du bist ganz entspannt und denkst noch einmal: „Bin ich erschöpft, dann reise ich gern, weit fort zu meinem Ruhestern."

Jetzt spürst du eine sanfte Berührung. Dein Schutzengel erklärt dir, daß du nun zurück zur Erde mußt. Also steigt ihr wieder auf die weiche Wolke, und schon hebt sie von deinem Stern der Ruhe ab. Wie in einem Fahrstuhl gleitet ihr sanft durch den Lichtstrahl zurück ins Universum. Vorbei geht euer Flug an den Sternen der Milchstraße und den Planeten. Du fühlst dich weiterhin ganz tief entspannt, sicher und geborgen. Ihr schwebt vorbei an unserem guten alten Mond, der euch zuzulächeln scheint. In der Ferne könnt ihr schon wieder die blaue Kugel unserer Erde erkennen. Schnell nähert ihr euch deiner Heimat. Ihr seht die Kontinente unter euch. Alles wird größer. Du erkennst die Berge und Seen. Dort in der Nähe entdeckst du schon deine Lieblingswiese mit dem freundlichen Baum.

Ganz tief fliegt eure Wolke schon. Du erkennst sogar schon einzelne Grashalme und kleine Käfer auf der Erde. Und nun setzt die Wolke auf der Wiese auf und landet ganz sacht.

Dein Schutzengel hilft dir beim Heruntersteigen. Zum Ende deiner Reise schenkt er dir einen kleinen Stern, den nur du allein sehen und fühlen kannst. Er soll dich an deinen Stern der Ruhe erinnern, zu dem du jederzeit in deinen Gedanken reisen kannst. Und du denkst wieder: „Bin ich erschöpft, dann reise ich gern, weit fort zu meinem Ruhestern."

Du hast kaum bemerkt, wie sich die Wolke von dir entfernt hat und wieder am blauen Himmel mit den anderen Wolken dahinzieht. Doch nun atmest du tief durch, spürst deinen Körper, reckst deine Arme, wackelst mit den Zehen, streckst deine Beine und öffnest ganz langsam deine Augen. Du bist wieder ganz wach, bist wieder ganz zurück in diesem Raum.

Das Geschenk der Elfen

Das Kind reist in einem Boot in den Zaubergarten. Hier erhält es von einer Elfe einen Korb mit Blütenstaub, der die Zauberkraft hat, dem Kind Mut, Ausdauer, Glück und Freude zu schenken.
Auch diese Geschichte enthält einen Erinnerungssatz.

Entspannung ....

Stell dir vor, du sitzt auf einer wunderschönen Wiese. Du siehst leuchtend bunte Blumen um dich herum, riechst ihren Duft. Es stehen auch wunderschöne Bäume auf deiner Wiese. Sie tragen eine herrliche Blütenpracht. Du spürst die wärmenden Sonnenstrahlen auf deiner Haut und atmest die milde Frühlingsluft ein. In den Bäumen sitzen lustige bunte Vögel und du kannst ihr fröhliches Zwitschern hören. Schau dich um, und du entdeckst noch viele andere Tiere. Vielleicht siehst du Rehe und Hasen, vielleicht erkennst du auch die kleinen Käfer, die eifrig im Gras herumkrabbeln.
Nimm einfach alles wahr, was du um dich herum erkennen kannst.

Kurze Pause

Nun hör' einmal genau hin. In der Ferne erklingt das Rauschen eines Flusses. Du erhebst dich jetzt von deiner Wiese und gehst auf dieses Rauschen zu. Zunächst läufst du über das feuchte Gras deiner Wiese. Du kannst den Tau unter deinen nackten Füßen spüren. Herrlich erfrischend fühlt sich das an. Nun gehst du über einen Kiesweg. Du kommst dem Fluß immer näher. Schon kannst du ihn vor dir sehen. Sein blaugrünes Wasser fließt munter dahin. Du kniest dich an sein Ufer, hältst deine Hand in das Wasser und beobachtest wie es in kleinen Wellen über deine Hand springt.

Nun entdeckst du in deiner Nähe ein Boot. Du gehst darauf zu und setzt dich hinein. Das Boot löst sich vom Ufer und treibt ruhig auf dem Fluß. Du machst es dir in dem Boot gemütlich. Wenn du magst, kannst du dich auf seinen Boden legen und in den Himmel schauen. Du siehst die kleinen weißen Wolken, die dort oben ziehen. Ein paar Vögel begleiten dich und zwitschern dir ihr Lied zu. Du bist ganz ruhig, völlig entspannt. Du fühlst dich sicher und geborgen. Du hörst das leichte Klatschen der Wellen, die an das Boot schlagen und dich ganz sanft wiegen. Das alles läßt dich noch ruhiger werden.

Immer weiter treibt dein Boot am Ufer auf dem Wasser entlang. Du bemerkst, daß der Fluß nun durch eine Wiese führt. Diese Wiese scheint zu einem Zaubergarten zu führen, daher entschließt du dich, mit deinem Boot hier anzulegen. Sanft treibt es dem Ufer zu und kommt hier zum stehen, so daß du heraussteigen kannst. Erst jetzt nimmst du die Besonderheiten des Gartens wahr. Riesige Blumen blühen hier. Sie scheinen aus leuchtenden Edelsteinen, Samt und Seide zu bestehen. Sie glitzern im hellen Sonnenlicht. Du streckst deine Hand aus, um eine dieser Blumen zu berühren. Ganz weich fühlen sich ihre Blätter an. Ein Zauber scheint von ihnen auszugehen, denn du fühlst dich plötzlich großartig, völlig frei und sorglos.

Du hörst ein Kichern und Lachen um dich herum und siehst viele wunderschöne Blumenelfen und Feen in deiner Nähe. Sie halten sich an den Händen und tanzen im Kreis. Dabei singen sie eine wunderschöne Melodie. Während sie tanzen, kommen sie immer näher zu dir heran. Eine kleine Fee greift nach deinen Händen und nimmt dich in ihren Kreis auf. Mit ihnen tanzt du durch diesen herrlichen Zaubergarten und du spürst, wie du dich immer glücklicher fühlst. Um dich herum gibt es nur Frieden und Freude. Fröhlich zeigen dir die Elfen und Feen den Zaubergarten.

Hier gibt es Blumen, die dich glücklich machen. Blumen, die dir Freude schenken. Blumen, die dich entspannen und dir Ruhe bringen. Blumen, von denen du Kraft, Mut und Ausdauer erhältst. Schau sie dir an und spüre ihre Kraft. Eine kleine Blumenelfe tritt ganz nah zu dir heran und verrät dir, daß allein ein Körnchen des Blütenstaubes ausreicht, um all die wunderbaren Eigenschaften, die diese Blumen ausstrahlen, zu erhalten. Die Blütenelfe reicht dir einen Korb, in dem viele bunte Beutelchen mit Blütenstaub liegen - da ist der Staub für das Glück, dort ist das Beutelchen mit dem Blütenstaub für Freude. Hier findest du den Blütenstaub für Mut, dort den für die Kraft. Und hier ist der Blütenstaub für die Ausdauer, die du sicher manchmal in der Schule brauchst. Schau einmal weiter nach in dem Korb, du wirst für jede Gelegenheit ein Beutelchen mit Blütenstaub finden.

Die Elfe spricht zu dir: „Nimm diesen Korb als ein Geschenk, und wisse, daß ich immer an dich denk. Du mußt nur ein Körnchen von dem Staub berühren, schon kannst du seine Kraft erspüren."

Dankbar nimmst du dieses Geschenk an. Am liebsten würdest du gleich alle Staubkörnchen ausprobieren, aber du fühlst dich ja jetzt schon glücklich und zufrieden, einfach großartig. Außerdem bemerkst du, daß es nun Zeit wird, zurückzukehren in deine Welt. Du weißt aber nun, daß dir immer die Möglichkeit gegeben ist, all die Kräfte dieser Zauberblumen zu erfahren. Deshalb verabschiedest du dich nun von deinen neuen Freuden. Sie versprechen dir, daß du jederzeit wieder zu ihnen kommen kannst und daß sie sich schon jetzt auf deinen nächsten Besuch freuen.

Während du auf dein Boot zugehst, drehst du dich noch einmal um und winkst ihnen fröhlich zu. Dann steigst du in das Boot, in dem ein Fährmann auf dich wartet, der dich schnell und sicher zurück zu deiner Wiese bringt. Du spürst den Fahrtwind auf deiner Haut, schaust auf den Korb mit den bunten Beutelchen in deinen Händen, während du dich an die Worte der Blumenelfe erinnerst: „Nimm diesen Korb als ein Geschenk und wisse, daß ich immer an dich denk. Du mußt nur ein Körnchen von dem Staub berühren, schon kannst du seine Kraft erspüren." Du träumst von den vielen Gelegenheiten, bei denen du bestimmt diese Körnchen benutzen wirst.

Kurze Pause

Das Boot hat sein Ziel erreicht. Sachte legt es an und du steigst aus. Mit dem Korb in der Hand gehst du zurück auf deine Wiese und läßt dich wieder im Gras nieder. Du bist ganz ruhig und entspannt. Genieße dieses Gefühl noch einen Moment.

Kurze Pause

Dann atme tief durch. Spüre deinen Körper, die Arme und die Beine. Bewege sie, recke und strecke dich und öffne ganz langsam deine Augen. Sei wieder ganz wach, zurück hier in diesem Raum. Du fühlst dich ausgeruht und entspannt.

Im Winzlingland

Auf einem Baum begegnet das Kind einem kleinen Winzling, der ihm verrät, wie es selbst so klein wie ein Winzling werden kann. Nach einem kurzen Zauberspruch ist die Verwandlung abgeschlossen, und das Kind kann seine Umwelt mit ganz anderen Augen wahrnehmen. Seine Phantasie wird angeregt, Abenteuer zu erleben, die in seiner normalen Größe nicht möglich sind.

Entspannung ....

Stell dir vor, du sitzt auf deiner Lieblingswiese. Du fühlst die Sonnenstrahlen auf deiner Haut und atmest die frische Frühlingsluft. Du hast sogar den Geschmack der Frühlingsluft auf deiner Zunge. .. Ganz langsam atmest du sie ein und aus und spürst, wie du mit jedem Atemzug ruhiger wirst und dich mehr und mehr entspannst. Ganz ruhig und gleichmäßig atmest du die Frühlingsluft ein.

Du siehst in den leuchtend blauen Himmel, schaust einem Vogel zu, der hoch in die Lüfte aufsteigt, bis er deinem Blick entschwunden ist.

Langsam senkst du deinen Blick und läßt ihn über die Wiese gleiten. Du siehst die frischen grünen Grashalme, wie sie sich sanft im Winde wiegen. Gleichmäßig schaukeln sie vor und zurück. Du spürst dieses sanfte Schaukeln auch in deinem Körper. Es ist als ob auch du gewiegt würdest. Das sanfte Wiegen gibt dir ein Gefühl der Geborgenheit, das sich mehr und mehr verstärkt und alle Last von dir fallen läßt.

Ganz frei und glücklich fühlst du dich, während du den kleinen Tieren im Gras zuschaust. Du beobachtest eine winzige Ameise, wie sie sich mit einer kleinen Tannennadel abmüht. Du genießt es, völlig entspannt dort zu sitzen.

Nach einer Weile schaust du über die Wiese. Dort hinten erkennst du deinen Lieblingsbaum. Du erhebst dich und gehst zu ihm hinüber. Wenn du ihn erreicht hast, streichst du ihm mit deiner Hand ganz sanft über seinen rauhen Stamm. Laß dir einen Moment Zeit, um das Gefühl der Berührung tief in dir zu spüren.

Kurze Pause

Freundlich rauscht dir dein Freund mit seinen Blättern einen Gruß zu, und ganz behutsam streift er dir mit einem herabhängenden Zweig übers Haar.

Du fühlst dich in der Nähe deines Freundes glücklich, und wenn du magst, kannst du in seine Äste klettern und es dir dort gemütlich machen. Auf einem Ast entdeckst du ein kleines Eichhörnchen. Sein Fell schimmert samtweich im Sonnenlicht. Du kannst das weiche, warme Fell tief in dir spüren. Spüre einmal in dich hinein. .. Dieses Gefühl vermittelt dir Geborgenheit.

Kurze Pause

Interessiert schaust du dem Eichhörnchen zu, wie es an einer dicken Nuß knabbert. Geschickt zerbricht es die harte Schale mit seinen scharfen Zähnen und läßt sich dann genüßlich den süßen Kern schmecken.

Du hörst ein leises Geräusch. Es ist, als ob jemand deinen Namen ruft. .. Du wendest deinen Kopf in die Richtung, aus der die sanfte Stimme kam. Doch du entdeckst zunächst nur ein kleines Vogelnest über dir. Vorsichtig kletterst du etwas höher, so daß du in das Nest hineinschauen kannst.

Erstaunt erkennst du den kleinen Rufer. Ein winziges Männlein steht in dem Nest. So groß wie ein Daumen steht es dort. Verblüfft schaust du es an. Außer seiner Größe unterscheidet es nichts von anderen Kindern in deinem Alter. Lustig grinst es dich an und reicht dir seine winzige Hand. „Hallo", sagt es. „Ich bin Winni, der Winzling. Willst du mein Freund sein?" Noch etwas erstaunt, nickst du ihm zu. Da redet es auch schon weiter. „Komm mit mir ins Winzlingland." „Aber wie?" fragst du. Da reicht es dir eine kleine Silbermünze. „Du mußt nur diese Münze reiben und sagen: Mach mich klein wie Winnilein." Schnell reibst du die Münze und sagst den Spruch auf, und schon fühlst du ein angenehmes Kribbeln in deinem Körper, und dann bist du so klein wie dein neuer Freund. Mühsam ziehst du dich am Rand des Vogelnests empor. Wie anders schaut alles plötzlich aus. Der Rand des Nests sieht aus, als sei er aus dicken Holzstämmen geflochten und das kleine Blatt, das eben noch an seinem Rand steckte, ist zu einem großen grünen Dach geworden. „Willkommen bei uns Winzlingen," sagt Winni zu dir. „Komm, wir wollen nun Winzlingabenteuer erleben!"

Schon zieht er eine große Feder hervor und setzt sich darauf. Er winkt dir zu, und da du jetzt auch so klein bist wie er, steigst du neugierig zu Winni auf die Feder. Ein leichter Wind streicht durch das Nest und hebt die Feder mit euch beiden ganz sanft empor.

Sanft schwebt ihr auf der Feder durch die Lüfte. Wie auf einem fliegenden Teppich gleitet ihr dahin. Herrlich ist dieser Flug. Warm liegen die Sonnenstrahlen auf deiner Haut. Der Wind streicht sanft an deinen Ohren vorbei und singt für dich ein leises Lied. Dies ist das größte Abenteuer, das du bisher erlebt hast. Du hast beide Arme fest um Winnis Hüften gelegt und schaust neugierig über seine Schulter. Hei, ist das ein Spaß! Ihr juchzt und lacht und genießt eure Freiheit zwischen Himmel und Erde.

Sachte segelt ihr dahin, und ihr schaut euch die wunderschöne Welt von oben an.
Kurze Pause

Der Wind wird etwas schwächer. Er läßt die Feder sanft zu Boden sinken, doch bevor sie die Wiese berührt, wirbelt der Wind sie noch einmal übermütig in die Höhe und setzt sie dann vorsichtig auf einer Pfütze ab. Erstaunt schaust du dich um. Die Pfütze erscheint dir so groß wie ein See, und der Kieselstein dort drüben ragt wie ein Felsen aus dem Wasser.

Gemächlich treibt ihr mit eurer Feder auf dem Wasser dahin. Ihr werdet leicht geschaukelt und genießt das träge Dahintreiben. Lässig liegt ihr auf der Feder und schaut in den blauen Himmel über euch.
Kurze Pause

Die Sonne scheint jetzt immer stärker. Sie läßt das Wasser der Pfütze rasch verdunsten. Die Feder sinkt dabei tiefer und tiefer, und dann bemerkt ihr, wie sie auf dem feuchten Boden zum Liegen kommt. Ausgeruht klettert ihr von ihr herunter.

Weich fühlt sich der noch etwas matschige Boden unter euren Füßen an. Doch es macht Spaß, mit den nackten Füßen im Matsch zu waten. Schau, wie bei jedem Schritt die feuchte Erde lustig zwischen den Zehen hervorquillt. Übermütig tobt ihr herum. Es macht euch ein riesiges Vergnügen, so ausgelassen herumzutollen. Genieße dies noch eine Weile. ...
Kurze Pause

Vom vielen Herumtollen fühlst du dich müde. Müde und überglücklich. Erschöpft läßt du dich auf einem Kieselstein nieder. Winni greift in seine Tasche und holt ein

Butterbrot hervor. Es ist so groß wie ein Fingernagel, doch im Moment erscheint es dir, als sei es das größte Butterbrot der Welt. Winni teilt es mit dir. Während du mit großem Appetit kaust, bemerkst du, wie langsam deine Kräfte zurückkehren.

Nachdem du richtig satt bist, setzt ihr euer Abenteuer fort. Ihr klettert über die Kieselsteine. Es geht hinauf und hinab. Der Weg liegt wie ein endloses Feld vor euch. Nachdem ihr eine Weile gelaufen seid, erreicht ihr den Rand einer Wiese. Wie Bäume ragen die Grashalme vor euch auf. Vorsichtig bahnt ihr euch euren Weg. Erstaunt schaust du den vielen Tierchen zu, die auf dem Boden der Wiese herumkrabbeln. Die Käfer sind so groß wie dein Fuß, der Regenwurm scheint länger als ein Springseil zu sein. Wieder begegnet dir eine Ameise. Freundlich bietest du ihr an, für sie eine Tannennadel zu tragen. Diese Tannennadel scheint so lang wie ein Besenstiel zu sein und du staunst über ihr Gewicht.

Müde setzt du dich auf den Boden, um dich ein wenig auszuruhen. Da hörst du ein Geräusch in deiner Nähe. Erstaunt blickst du auf. Da huscht eine Maus an dir vorbei, groß wie ein Pferd. Sie lädt dich und Winni ein, auf ihr zu reiten. Also klettert ihr auf ihren Rücken und schon trabt ihr durch den Graswald.

Nach einer Weile hält die Maus an und ihr steigt ab. Ihr bedankt euch für diesen Ausritt und verabschiedet euch von ihr. Doch dann bemerkst du, daß es Zeit wird, zurückzukehren in deine Welt.

Doch zunächst mußt du wieder so groß werden, wie du es vor deinem Abenteuer warst. Winni verrät dir, wie es geht. Du nimmst die Silbermünze und sprichst: „Ich reibe dich an meinem Bein, das läßt mich wieder größer sein."

Wieder spürst du ein angenehmes Kribbeln in deinem Körper. Du spürst, wie du wächst. Bald sitzt du auf deiner Wiese und dein Kopf ragt hoch über die Grashalme hinaus. Du spürst, wie etwas auf deinen Fuß klettert. Winni schaut zu dir empor. Behutsam nimmst du ihn auf deine Hand. Du dankst ihm für dieses Abenteuer. Bevor du dich von ihm verabschiedest, trägst du ihn zurück zu deinem Baum und setzt ihn vorsichtig in das Vogelnest, wo er sich gleich niederlegt und einschläft. Glücklich schaust du ihm zu, wie er dort friedlich liegt und sich ausruht.

Auch du fühlst dich ganz ausgeruht. Und während du dich glücklich an dein Abenteuer erinnerst, atmest du tief durch. Du spürst in deinen Körper hinein, fühlst deine Arme und Beine. Du reckst und streckst dich, öffnest ganz langsam deine Augen und bist wieder ganz wach - zurück in diesem Raum.

Der Flug mit dem Luftballon

In dieser Phantasiereise besucht das Kind zunächst einen Jahrmarkt. Es bekommt dort einen bunten Luftballon geschenkt, den es mit auf eine Reise nimmt. Das Kind fliegt mit diesem Luftballon zu seinem Wunschort, wo es Bekanntschaft mit einem Wichtel macht. Das Kind kann hier seiner Phantasie freien Lauf lassen. Es fühlt Freiheit und Glück. Eine Geschichte, um ganz zu entspannen und zu träumen.

Entspannung .....

Stell dir vor, du wanderst über einen großen Jahrmarkt. Du hörst die Musik der Karussells, hörst das Lachen der vielen Menschen, riechst den Duft von Popcorn und Bratwurst und fühlst dich fröhlich und gut in der Menge der Menschen. Du siehst die vielen bunten Buden und Karussells. Du bist rundum zufrieden und glücklich

Jetzt siehst du einen Luftballonverkäufer auf dich zukommen. Schon von weitem erkennst du die vielen bunten Ballons, wie sie lustig bei jedem Schritt an ihren Fäden hin und her hüpfen. Ein Ballon fällt dir besonders auf. Schau ihn dir genau an. Sieh seine leuchtende Farbe, seine Form.

Der Luftballonverkäufer hat dich nun erreicht. Er lächelt dich freundlich an und schenkt dir einen seiner Ballons. Stolz hältst du den schönsten und leuchtendsten Luftballon in der Hand, den du je besessen hast. Während du noch staunend diesen Ballon betrachtest, bemerkst du, daß von ihm eine ganz besondere Kraft ausgeht. Du verspürst den Wunsch zu laufen.

Zunächst gehst du langsam ein paar Schritte, doch bald wirst du schneller. Du beginnst zu laufen, ja du rennst jetzt über den Weg. Du hast längst den Jahrmarkt hinter dir gelassen. Nur noch leise hörst du die Musik von dort zu dir herüber klingen. Doch du fühlst dich glücklich und frei. Je weiter du läufst, um so leichter wirst du. Alle Sorgen und Ängste fallen von dir ab. Mit jedem Schritt wirst du leichter. Und plötzlich stellst du fest, daß deine Füße den Boden nicht mehr berühren. Du schwebst. Ganz leicht hängst du an dem bunten Luftballon, der dich sicher in die Lüfte trägt. Du selbst kannst bestimmen, wie hoch dein Ballon dich in die Lüfte hebt. Du genießt es, mit ihm über die Erde zu schweben.

Du fliegst über die Stadt hinweg, fliegst über Wiesen und Felder. Deine Reise geht über Berge und Seen hinweg. Und je weiter du fliegst, um so ruhiger wirst du. Du fühlst dich frei, glücklich und zufrieden. Keine Sorgen quälen dich. Nichts bedrückt dich. Alle Ängste sind von dir abgefallen.

Du fühlst, wie du leicht von deinem Luftballon getragen wirst, spürst die warmen Sonnenstrahlen auf deiner Haut und genießt den leichten Windhauch, der dein Gesicht streift.

Immer weiter geht dein Flug. Du selbst darfst dein Ziel bestimmen. Reise zu dem Ort, an dem du dich jetzt wohl fühlen möchtest. Vielleicht geht deine Reise zum Meer. Vielleicht möchtest du lieber in die Berge. Vielleicht reist du auch auf einen Bauernhof oder auf eine Wiese. Vielleicht möchtest du aber auch mit deinem Ballon fort von der Erde reisen, hinaus ins Weltall, wo Ruhe und Stille herrschen und nichts dich stören kann.

Wähle dein Ziel und genieße deinen Flug dorthin. Schau dich um, sieh, was es auf dieser Reise alles zu erblicken gibt. Vielleicht begleitet dich ein Vogel. Vielleicht schwebst du in den Wolken. Vielleicht trägt dich dein Ballon auch an vielen glitzernden und funkelnden Sternen vorbei.

Langsam näherst du dich deinem Ziel. Du kannst schon die ersten Umrisse dieses Ortes wahrnehmen. Schnell kommst du näher. Und schon setzen deine Füße sanft auf dem Boden auf. Du schaust dich um, genießt diesen Ort und machst dich daran, ihn zu erkunden. Lauf ein Stückchen und schau dir alles an. Spüre, wie die Neugierde in dir aufsteigt. Du möchtest jeden Winkel dieses Ortes kennenlernen, deshalb gehst du auf Entdeckung. Du hast nun eine Weile Zeit, um in Ruhe alles anzuschauen. Nutze jetzt diese Zeit.

Kurze Pause

Viel hast du schon entdeckt. Und es gibt immer mehr zu sehen. Ganz eifrig bist du bei der Suche nach neuen Dingen.

Kurze Pause

Nachdem du nun alles gesehen hast, setzt du dich erst einmal ruhig nieder. Du bist völlig zufrieden, fühlst dich glücklich und frei.

Nun entdeckst du ein kleines lustiges Wesen. Es kommt auf dich zu und begrüßt dich freundlich. Es ist ganz klein, wie ein Zwerg, deshalb kannst du es auf deine Hand nehmen und so mit ihm sprechen. Es erzählt dir, daß es ein Wichtel ist und dir immer helfen will. Du brauchst ihn nur zu rufen. Er sagt dir, daß er dir z.B. helfen kann, wenn du Mut brauchst oder wenn du dich nicht auf deine Aufgaben konzentrieren kannst. Du kannst einfach ein Zeichen mit ihm ausmachen, mit dem du um seine Hilfe bittest.

Noch eine Weile bist du mit deinem kleinen Wichtel zusammen. Ihr könnt lustige Spiele machen, ihr könnt euch etwas erzählen. Genießt eure gemeinsame Zeit.
Kurze Pause

Nun kommt der Augenblick, in dem du an deinen Heimflug denken solltest. Wenn du magst, kannst du den kleinen Wichtel mit dir nehmen. Wenn du ihn zurücklassen willst, verabschiede dich jetzt von ihm.

Du wirst dir wieder deines Luftballons bewußt. Während du nach ihm greifst spürst du, wie du wieder ganz leicht wirst, und schon hebt dich dein Ballon in die Höhe, zurück geht dein Flug. Du schwebst über Berge und Seen, Wiesen und Felder, über Städte und Dörfer.

Schon bald hörst du wieder den Jahrmarktsrummel. Du siehst die bunten Buden vor dir auftauchen. Sanft schwebst du der Erde entgegen. Ganz sachte setzen deine Füße auf einer weichen Wiese auf. Glücklich und zufrieden bist du zurückgekehrt.

Nun läßt du das Band des Luftballons los. Schau ihm nach, wie er leicht dem Himmel entgegen steigt. Immer höher steigt er. Bald ist er nur noch als ein winziger bunter Punkt dort am Himmel zu sehen, der dann auch schnell im Blau des Himmels verschwindet.

Wende jetzt deinen Blick zurück. Werde dir deines Körpers bewußt. Wecke deinen Körper, deine Arme und deine Beine. Bewege sie, recke und strecke dich. Atme ganz tief durch und öffne langsam deine Augen. Sei wieder ganz wach und bringe die Ruhe und Zufriedenheit mit zurück.

Die Zeitreise

Auf seiner Lieblingswiese begegnet das Kind Futur, dem Lenker der Zeitmaschine. Gemeinsam reisen sie in die Vergangenheit, um zu schauen, wie die Menschen früher lebten und wie die Erde vor unserer Zeit aussah. Diese Phantasiereise erlaubt auch einen Ausflug in die Zukunft.

Entspannung ... ..

Stell dir vor, du sitzt auf deiner Lieblingswiese. Die Sonne wärmt deine Haut. Der Wind weht leicht durch dein Haar. Du siehst die Blumen um dich herum, hörst das Zwitschern der Vögel in der Luft. Du genießt die Ruhe und den Frieden. Während du ruhig und gleichmäßig atmest bemerkst du, daß du dich mehr und mehr entspannst. Du fühlst dich friedlich und geborgen.

Dein Blick gleitet über die Wiese. Da hörst du in der Ferne ein seltsames summendes Geräusch. Aufmerksam lauschst du in die Richtung, aus der dieses Summen kommt. Es wird immer lauter, und nun siehst du etwas silbrig glänzendes auf dich zukommen. Es kommt immer näher. Es sieht ein bißchen so aus wie ein großes silbernes Osterei auf Rädern. Du weißt sofort, daß das merkwürdige Summen mit diesem sonderbaren Ding zusammenhängt. Neugierig wartest du auf seine Ankunft. ...

Das silberne Fahrzeug hat dich nun erreicht. Es bleibt vor dir stehen. Das Summen verstummt. Aus dem Fahrzeug kommt eine kleine silbrige Gestalt geklettert. „Hallo," grüßt sie dich. „Ich bin Futur! Dieses Fahrzeug ist eine Zeitmaschine und ich bin ihr Lenker. Ich möchte dich zu einer Reise durch die Zeit einladen!" Futur hält dir die Tür seiner Zeitmaschine auf, und neugierig steigst du ein. In dem Fahrzeug schaust du dich zunächst einmal um. Der Innenraum ist mit weichen Polstern und Kissen ausgelegt. Hier machst du es dir erst einmal richtig gemütlich. Du fühlst dich gleich geborgen und tief entspannt. Nachdem Futur eingestiegen ist, entdeckst du zwei silberne Schalter. Futur erklärt dir, daß du mit einem dieser Schalter auswählen kannst, an welchen Ort du reisen willst, und mit dem anderen Schalter kannst du die Zeit einstellen , in die du reisen möchtest.

Du drehst den Zeitschalter um 150 Jahre zurück und wählst eine dir bekannte Stadt aus. Schon beginnt die Zeitmaschine wieder zu summen. Sie rüttelt sich ein wenig und schon seid ihr 150 Jahre in der Zeit zurück gereist. Du steigst aus der Zeitmaschine und stehst auf einer staubigen Straße. Die Frauen laufen hier in langen Kleidern herum und haben ihre Haare aufgesteckt. Die Männer tragen zum Teil hohe Zylinder und sehen sehr streng aus. Autos fahren keine auf der Straße, denn diese werden erst später erfunden. Hin und wieder kommt eine Pferdekutsche angerattert, doch auch hiervon gibt es nicht so viele. Du läufst ein Stückchen durch diese Straßen und kommst über eine Wiese zu einem Fluß. Hier sitzen mehrere Frauen am Ufer. Während sie sich munter unterhalten und singen, waschen sie ihre Wäsche in dem Fluß. Einige Wäschstücke haben sie bereits auf der Wiese zum Trocknen ausgebreitet. Du entdeckst Kinder auf dieser Wiese. Die Mädchen halten sich an den Händen und tanzen singend um einen Baum. Ein paar Jungen reiten auf selbstgebastelten Steckenpferden um die Wette.
Schau dich noch eine Weile hier um und sieh, wie die Menschen vor 150 Jahren hier lebten.

Kurze Pause

Nun steigst du wieder in deine Zeitmaschine ein. Du stellst den Zeitschalter diesmal um 3000 Jahre zurück und den Ortsschalter drehst du auf Afrika. Wieder beginnt die Zeitmaschine zu summen und sich zu rütteln. Dann ist sie wieder stumm und du befindest dich um 3000 Jahre zurückversetzt in Ägypten. Vor dir ragen die hohen Pyramiden auf, die in der heißen Sonne golden glänzen. In einer goldenen Sänfte wird ein Mann von dunkelhäutigen Männern getragen, die nur ein weißes Tuch um ihre Hüften geschlungen haben. Andere Männer laufen neben dieser Gruppe her und fächeln dem Mann in der Sänfte mit großen Federn frische Luft zu. Viele Menschen stehen am Wegesrand und jubeln diesem Mann zu. Von ihnen erfährst du, daß er der Pharao, ihr König, ist. Schau dich auch hier noch etwas um, und sieh, wie hier die Menschen vor mehr als 3000 Jahren lebten und wie es in diesem Land ausgesehen haben mag.

Kurze Pause

Futur erinnert dich daran, weiter zu reisen, und so steigst du wieder in die Zeitmaschine ein, stellst den Zeitschalter diesmal um 3.000.000 Jahre zurück und nach einem kurzen Summen und Schütteln landest du in einem Urwald. Du

entdeckst eine kleine Gruppe von Menschen. Doch sie sehen ganz anders aus als all die Menschen, die du bisher gesehen hast. Sie sind nicht sehr groß, und ihr Körper ist vollständig mit langen Haaren bewachsen, sie geben fremde Laute von sich, die gar nicht nach den uns bekannten Sprachen klingen. Sie sind auf der Suche nach Nahrung. Wenn sie ein paar Früchte finden, stecken sie diese gleich gierig in den Mund.
Nimm dir etwas Zeit, um dich auch hier umzuschauen. Vielleicht möchtest du dich mit diesen Menschen verständigen, sie etwas fragen. Du hast genügend Zeit dazu. Futur wird dir ihre Laute in deine Sprache übersetzen.

Kurze Pause

Nun steigst du wieder in die Zeitmaschine und stellst den Zeiger auf 0. Sie beginnt zu summen und sich zu schütteln. Diesmal dauert die Reise etwas länger, du schaust aus dem Fenster und siehst, wie die Zeit an dir vorbeizieht. Du siehst, wie große Dinosaurier über die Erde laufen. Du erkennst Landschaften mit großen mächtigen Bäumen. Eine Welt bewegt sich an dir vorbei, die noch nie ein menschlicher Fuß berührt hat, über die noch nie ein Lebewesen gelaufen ist. Unwetter ziehen an dir vorbei. Dabei wird dir bewußt, wie gemütlich es in deiner Zeitmaschine ist und wie geborgen du dich hier fühlst. Du schaust hinaus und siehst eine Erde, die von tosenden Meeren bedeckt ist. Der Himmel ist mit roten Wolken verhangen und es wirkt hier recht ungemütlich. Deshalb beschließt du, deine Zeitmaschine zu wenden und wieder in die Gegenwart zurückzukehren. Doch auf deinem Rückweg kannst du noch dort anhalten, wo du noch etwas über die Zeit und das Leben damals erfahren möchtest. Wenn du magst, kannst du auch in die Zukunft reisen.

Wähle eine Zeit und einen Ort. Höre das Summen der Zeitmaschine. Fühle, wie sie sich leicht schüttelt. Und während du entspannt und geborgen in der Zeitmaschine reist, ziehen die Jahre an dir vorbei, bis du an deinem Ziel angelangt bist. Nimm dir auch hier noch etwas Zeit, um dich umzusehen und um dich vielleicht mit den Menschen, die hier leben, zu unterhalten. Futur wird dir immer behilflich sein, falls du ihre Sprache nicht verstehst.

Kurze Pause

Nun wird es Zeit, wieder in das Jahr zu fahren, in dem deine Reise begann. Ein letztes Mal summt die Zeitmaschine, und dann befindest du dich wieder auf deiner Lieblingswiese. Du fühlst die Sonnenstrahlen auf deiner Haut, siehst die leuchtenden Blumen um dich herum und hörst das muntere Zwitschern der Vögel über dir. Du hast viel erlebt, doch du freust dich auch, daß du in dieser Zeit, die dir so vertraut ist, und in der du schon so viel Schönes erlebt hast, auf der

Erde sein darfst. Glücklich und tief entspannt verabschiedest du dich nun von Futur, der in seine Zeitmaschine steigt und sich auf den Weg nach Irgendwo und Irgendwann macht.

Du aber atmest ganz tief durch, fühlst in deinen Körper, spürst deine Arme und Beine, reckst und streckst dich, öffnest dann ganz langsam deine Augen und kommst zurück in das Hier und Jetzt, und in diesen Raum.

Bei den Tieren im Wald

Diese Geschichte lädt zu einem Ausflug in den Wald ein. Nach einer entspannenden Fahrt auf einem Fluß gelangt das Kind auf eine Waldlichtung. Dort wird es von den Tieren des Waldes liebevoll begrüßt. Schon bald schließt es Freundschaft mit ihnen. Es wird auch auf das Fehlverhalten einiger Menschen im Wald aufmerksam gemacht und dazu angeregt, sich Gedanken über ein besseres Zusammenleben zwischen Menschen und Tieren zu machen.

Entspannung .....

Stell dir vor, du sitzt auf einer Frühlingswiese. Es ist noch früh, und die Morgendämmerung bricht gerade an. Du spürst die Frische des jungen Tages. Tau glitzert auf jedem einzelnen Grashalm wie kleine Glasperlen. Du genießt die Ruhe und den Frieden um dich herum.

Die Welt um dich erwacht. Die Vögel beginnen zu zwitschern. Die Sonne geht auf. Langsam erhebt sie sich am Horizont und taucht die Landschaft in ihr strahlendes Licht. Hinter den Bäumen ziehen kleine goldene Wolken gemächlich dahin. Ruhig und entspannt betrachtest du dieses Schauspiel der Natur. Du spürst dich verbunden mit ihr, fühlst, daß du ein Teil von ihr bist.

Die Sonne steigt höher und höher. Sie schickt einen ihrer goldenen Lichtstrahlen auf dich herab, und du fühlst, wie seine Kraft deinen Körper erwärmt und dir Wohlbehagen schenkt. Auch die Knospen der Bäume und Blüten spüren die wunderbare Kraft. Sie öffnen sich zu herrlichen Blüten und recken sich dem Himmel entgegen. Ihr zarter Duft steigt dir in die Nase. Du atmest tief ein. Jeder deiner Atemzüge wirkt erfrischend und entspannend.

Der Wind streicht zärtlich über dein Gesicht. Er trägt dir das Geräusch von plätscherndem Wasser zu. Langsam erhebst du dich und gehst über die Wiese. Du gehst in die Richtung, aus der du das Plätschern hörst. Es wird bald lauter, und schon stehst du an einem kleinen Bach. Sein Wasser ist kristallklar, so daß du die Steine auf seinem Grund erkennen kannst. Während du in das Wasser schaust, zieht darin ein kleiner Fischschwarm an dir vorbei. Du folgst ihm stromabwärts. Nach einer Weile mündet der Bach in einen Fluß. Am Ufer liegt ein Boot. Es lädt dich zu einem Ausflug ein. Deshalb gehst du darauf zu, schiebst es in das Wasser und legst dich hinein. Ganz gemächlich läßt du dich treiben. Sanft wiegen dich die Wellen des Flusses. Du wirst sicher von ihnen getragen. Dein Boot gleitet ruhig dahin.

Du siehst die Landschaft an dir vorüberziehen. Dort stehen große Weiden, deren lange Zweige bis in das Wasser hinabhängen. Du gleitest vorbei an Dörfern und Feldern und genießt deine Ruhe und Ausgeglichenheit. Das leise Schlagen der Wellen an deinem Boot läßt dich noch ruhiger werden. Du fühlst dich glücklich und zufrieden.

Langsam treibt dein Boot auf einen Wald zu. Du riechst die frische Waldluft und spürst die Kühle des Waldes. Doch dein Körper bleibt angenehm warm. Am Ufer entdeckst du ein Reh. Erstaunt blickt es auf dich herab. Du kannst auch noch andere Tiere sehen.

Du näherst dich nun einer Lichtung und beschließt, hier anzulegen. Du ziehst dein Boot an Land. Unter deinen Füßen spürst du das weiche Moos. Wie ein dicker grüner Teppich breitet es sich vor dir aus. Suche dir einen gemütlichen Platz im Sonnenlicht, wo du dich auf dem weichen Moos niederlassen kannst.

Schon bald hörst du das Knacken von Ästen und das Rascheln von Laub. Und während du zu den Bäumen hinüberschaust, erkennst du, wie die Tiere des Waldes zu dir kommen. Friedlich vereint nähern sie sich dir. Du erkennst Rehe, Hasen, Füchse und Eichhörnchen. Viele andere Tiere folgen ihnen. Erstaunt blickst du ihnen entgegen. Bald haben dich die ersten Tiere erreicht und begrüßen dich in ihrem Reich. Das Reh reibt liebevoll seinen Kopf an deiner Wange. Das Häschen streicht dir weich um die Beine. Ein Eichhörnchen klettert dir sogar keck auf die Schulter und fährt mit seinem buschigen Schwanz durch dein Gesicht. Du beginnst zu lachen und freust dich über diese muntere Gesellschaft. Nimm dir einen Moment Zeit, um dir einmal diese kleine Schar anzuschauen und zu sehen, wie sie sich über deinen Besuch freut. Du verstehst sogar ihre Sprache.

Kurze Pause

Ein Tier fällt dir nun besonders auf. Es ist vielleicht dein Lieblingstier. Es kommt ganz nah zu dir heran. Es spricht dich an und lädt dich ein, seine Welt kennenzulernen. Gern folgst du dieser Einladung und streifst mit ihm durch den Wald. In der Nähe dieses Tieres fühlst du dich sicher und geborgen. Du fühlst, wie eine Freundschaft zwischen euch heranwächst. Liebevoll streichst du dem Tier über seinen weichen Kopf, während ihr euch auf den Weg zu seinem Bau oder Nest macht.

Unterwegs erzählt dir dein neuer Freund, wie ruhig und friedlich es doch meist hier im Wald ist. Inmitten der Natur leben die Tiere glücklich und zufrieden, jedes auf seine Weise. Doch leider wird der Frieden manchmal von den Menschen gestört, die lärmend durch den Wald ziehen. Dann erschrecken sich die Tiere und eilen schnell davon, um sich zu verstecken. Oft verschmutzen die Menschen dieses Paradies mit ihren Abfällen. Dies stört doch sehr das Wohlbefinden der vielen großen und kleinen Waldbewohner. Dein neuer Freund zeigt dir einen Platz am Wegesrand, der sicher einmal wunderschön aussah, doch leider liegen hier nun leere Flaschen und Dosen, und überall ist Papier verstreut. Erschreckt siehst du, was die Menschen hier angerichtet haben, und wie schlecht sich dein Freund in dieser Umgebung fühlt. Dein Begleiter bittet dich um Hilfe. Überlege einen Moment, wie du den Tieren in dieser Situation helfen kannst.

Kurze Pause

Nun seid ihr am Heim deines Freundes angelangt. Gemütlich ist es hier. Du lernst auch seine Familie kennen. Eines seiner Jungen möchte gern mit dir spielen. Übermütig tollst du mit ihm herum. Schau einmal, wie sich diese jungen Tiere des Waldes vergnügen, mit welchen Spielen sie ihre Zeit verbringen.

Kurze Pause

Du fühlst dich nun ein wenig müde vom Spiel, daher verabschiedest du dich von dieser Tierfamilie. Dein Freund jedoch bringt dich zurück auf die Lichtung, wo noch all die anderen Tiere des Waldes auf dich warten. Wenn du magst, kannst du noch mit einigen dieser Tiere sprechen oder sie streicheln. Verbring noch etwas Zeit mit ihnen.

Kurze Pause

Nun mußt du aber deine neuen Freunde verlassen. Viel hast du von ihnen gelernt. Auch sie haben sich sehr über deinen Besuch gefreut. Du versprichst ihnen, sie bald wieder einmal zu besuchen. Dann begleiten sie dich zu deinem Boot. Ein wunderschöner weißer Schwan erklärt sich bereit, es stromaufwärts zu ziehen, und so machst du dich auf deinen Heimweg. Noch lange winkst du den Tieren zu, die am Ufer stehen und dir nachschauen. Doch dann sind sie deinem Blick entschwunden.

Entspannt legst du dich in deinem Boot zurück und schaust dem Zug der Wolken zu. Deine Gedanken gehen noch einmal zu den Tieren. Dir wird bewußt, wie falsch sich einige Menschen im Wald verhalten und beschließt, den Tieren zu helfen und diese Fehler nicht zu machen, dich immer wie ein lieber Gast im Wald zu verhalten. ....

Du hörst das Klatschen der Wellen an deinem Boot, die dich sanft wiegen. Ganz ruhig und entspannt näherst du dich der Frühlingswiese. Schon zieht der Schwan dein Boot dem Ufer entgegen. Entspannt steigst du aus und bedankst dich bei ihm für seine Hilfe, bevor du dich von ihm verabschiedest. Langsam gehst du zurück an deinen Lieblingsplatz. Hier setzt du dich nieder. Du spürst tiefen Frieden in dir. Du schaust der inzwischen untergehenden Sonne zu. Während sie die Landschaft in ein leuchtend rotes Licht taucht, atmest du tief durch und spürst, wie du wacher wirst. Du spürst deinen Körper, deine Arme und Beine. Du weckst sie, indem du dich nun streckst. Langsam öffnest du deine Augen und bringst den Frieden mit zurück in dein Bewußtsein.

Die Reise mit den Vögeln in den Süden

Wer möchte nicht einmal wie ein Vogel fliegen und dem kalten Winter entfliehen. Diese Geschichte bietet die Möglichkeit, sich in einen Vogel zu verwandeln und gemeinsam mit den Zugvögeln in den Süden zu fliegen. Dabei kann das Gefühl der Freiheit und des Glücks tief empfunden werden.

Stell dir vor, es ist Herbst. Du stehst am Rande eines großen Feldes. Die Ernte ist eingebracht. Feucht und braun liegt die Erde vor dir. Du nimmst ihren kräftigen Geruch wahr. Kühl weht der Wind durch dein Gesicht und zaust deine Haare, doch du bist warm angezogen, so daß du dich trotz des Wetters warm und wohl fühlst. Ja, es macht dir sogar Spaß, dort im Wind zu stehen und seine Kraft zu spüren. Es vermittelt dir ein wenig das Gefühl von Freiheit. Nebelschwaden steigen vom Boden auf und ziehen über die Herbstlandschaft dahin.

Ganz ruhig stehst du da, atmest tief durch und spürst Frieden in dir aufsteigen. Du genießt dieses Gefühl eine Weile ganz entspannt, während du deinen Blick über das Feld wandern läßt.

Kurze Pause

Jetzt nimmst du über deinem Kopf ein Kreischen wahr. Du hebst deinen Blick zum Himmel und siehst, wie ein großer Vogelschwarm auf dieses Feld zukommt. Wie eine große schwarze Wolke kreist er über dem Feld, bevor er sich langsam senkt und auf dem Acker niederläßt. Du staunst über die große Anzahl gefiederter Freunde, die sich hier sammelt, um gemeinsam mit ihren Brüdern in den Süden zu ziehen, um so dem kalten Winter zu entfliehen. Erschöpft sitzen diese Vögel nun auf dem Feld und sammeln neue Kräfte.

Du schaust ihnen zu, wie sie eifrig ein paar Körner picken, die von der Ernte zurückgeblieben sind. Während du ihnen noch zuschaust, bemerkst du einen neuen Vogelschwarm über dir, der ebenfalls hier landet, um sich der Schar anzuschließen und mit ihr in den Süden zu ziehen.

Lange stehst du hier. Immer mehr Zugvögel schließen sich der Reisegruppe an. Bald hat sich das Feld schwarz gefärbt von den vielen kleinen Federkörperchen. Aufmerksam schaust du ihnen zu. Du siehst, wie sie munter daherhüpfen, in der Hoffnung, noch etwas Nahrung für die lange Reise zu finden. Je länger du zuschaust, um so mehr merkst du, wie du dich plötzlich auch in einen kleinen Vogel verwandelst. Du spürst, wie dir anstelle deiner Arme plötzlich Flügel wachsen. Vorsichtig bewegst du sie. Tatsächlich, sie heben dich in die Höhe. Noch etwas unsicher flatterst du über das Feld, doch schon bald wirst du sicherer und fliegst durch die frische Luft. Ganz leicht fühlst du dich und spürst, wie dein Körper sicher von der Luft getragen wird. Immer höher steigst du auf. Ein wunderbares Gefühl der Freiheit füllt dich aus. Genieße deinen Flug und diese Freiheit eine Weile, bevor du dich wieder auf dem Feld niederläßt.

Kurze Pause

Nun landest du ganz sachte inmitten eines Vogelschwarms. Du fühlst die vielen anderen Vögel um dich herum, die dich freundlich in ihrem Kreise aufnehmen. Du gehörst zu ihnen. Wie sie kannst du es kaum erwarten, daß bald die große Reise in den Süden beginnt. Du nutzt die Zeit bis zum Start, um dich noch etwas auszuruhen. Du fühlst, wie wohlig warm dein Körper ist, wie ruhig und gleichmäßig dein Herz schlägt, wie entspannt und geborgen du bist.

Dann ist es endlich so weit. Ein großer, kräftiger Vogel, der diese Vogelschar anführen wird, breitet seine Flügel aus, und mit kräftigen Schwingen steigt er in die Luft. Dies ist das Startzeichen. Ein Vogel nach dem anderen erhebt sich in die klare Herbstluft. Bald ist der Himmel schwarz bedeckt von den vielen kleinen Vogelkörpern. Auch du breitest nun deine Flügel aus und schwingst dich in die Lüfte.
Ein Glücksgefühl durchströmt dich. Wieder überkommt dich das Gefühl der Freiheit, während du ruhig und gleichmäßig deine Flügel auf- und abschwingst und über das große Feld gleitest, das jetzt wieder leer unter dir liegt.

Durch die frische Herbstluft gleitest du dahin. Du erkennst deine Heimatstadt unter dir und fliegst darüber hinweg. Dein Flug geht über Wiesen und Felder. Unter dir tauchen Berge auf. Du überfliegst einen großen Wald, durch den sich ein kleiner Bach schlängelt. Glücklich und leicht fliegst du weiter und weiter, und erfreust dich an der Welt, die so ruhig und klein unter dir liegt.

Schon viele Stunden dauert dein Flug. Die Sonne beginnt tiefer und tiefer zu sinken. Dies ist das Zeichen für all die vielen Zugvögel, eine Rast einzulegen. Der Leitvogel hat bereits eine große Wiese entdeckt, auf der ihr nun landen werdet. Sachte schwebst du dem Erdboden entgegen, bevor deine Füße das Gras spüren.

Erst jetzt bemerkst du, wie anstrengend dieser Flug war. Müdigkeit breitet sich in deinem Körper aus, und du genießt die Entspannung, die nun eintritt. Ganz ruhig geht dein Atem. Ganz entspannt ist dein Körper. Du fühlst dich geborgen im Kreis deiner Freunde. Während die Nacht hereinbricht, der Mond am Himmel seine Bahn zieht und die vielen Sterne über dir funkeln, schöpfst du neue Kräfte.

Kurze Pause

Die Sterne am Himmel verblassen. Langsam steigt die Sonne in der Ferne auf und färbt die Landschaft mit ihrem goldenen Licht. Ein neuer, wunderschöner Tag bricht an. Die Luft ist erfüllt vom Zwitschern vieler Vögel, die ihre schlafenden Freunde wecken, um ihre Reise in den Süden fortzusetzen. Auch du bist gleich wach. Du fühlst dich wunderbar erfrischt und munter. In deinem Körper fließen neue Kräfte und du freust dich auf den bevorstehenden Flug. Du brauchst auch nicht lange zu warten, bis sich die ersten Vögel in die Luft erheben. Schnell schließt du dich ihnen an. Gemeinsam gleitet ihr dahin.

Du siehst die Landschaften unter dir dahinziehen, während du deine Flügel auf- und abschwingst und das Gefühl von Glück und Freiheit genießt. Mit den Wolken ziehst du dahin. Unter dir taucht jetzt das große blaue Meer auf. Schon bald spürst du, wie die Luft um dich herum wärmer wird. Freude breitet sich in deinem Herzen aus. Du erkennst, daß du dich deinem Ziel näherst. Eine herrliche Zeit voller Sonne und Wärme liegt vor dir.

Die Freude läßt deine Flügel schneller und schneller schwingen, so daß du bald das Land der Sonne unter dir erkennst. Glücklich kreist du über diesem Land und suchst dir einen Platz, an dem du landen möchtest. Du schaust dich um, nimmst die wundervolle Landschaft des Südens um dich herum wahr. Hier wirst du die Zeit verbringen, während in deinem Heimatland der Winter Einzug hält. Schnee wird das Land zudecken, bis die Frühlingssonne es wieder aufweckt und den vielen kleinen Zugvögeln wieder eine Heimat gibt.

Doch du genießt die Sonne auf deinem Körper, ruhst dich aus und fühlst, wie du dich entspannst. Ruhig und gleichmäßig geht dein Atem. Du fühlst dich glücklich und zufrieden. Dein ganzer Körper wird angefüllt von diesem Glück und Frieden, von Ruhe und Entspannung.

Während du all diese Gefühle genießt spürst du, wie sich deine Flügel langsam wieder in Arme verwandeln. Dein Körper nimmt wieder seine alte Gestalt an, und du verwandelst dich zurück in denjenigen, der du bist.

Kurze Pause

Nun atmest du ganz tief durch, nimmst bewußt deinen Körper wahr, deine Arme und Beine, streckst sie und reckst dich und wirst ganz langsam wach. All deine guten Gefühle bringst du mit zurück, wenn du jetzt ganz langsam deine Augen öffnest.

Der Baum

Diese Meditation führt das Kind zu einem Baum, dessen Kraft und Stärke es spürt und in den es sich verwandelt. Sie läßt es den Kreislauf des Lebens, Frühling, Sommer, Herbst und Winter miterleben. Der Lauf des eigenen Lebens läßt sich gut mit dieser Meditation verfolgen, das Werden in der Kindheit und Jugend, die Blüte im jungen Erwachsenenalter, die Zeit der Ernte in späteren Jahren und die Zeit der Ruhe und des Geschehenlassens im Alter. Für den spirituell Erfahrenen beginnt nach der Zeit der Ruhe ein neuer Frühling.

Entspannung ....

Stell dir vor, du sitzt auf deiner Lieblingswiese, fühlst die Sonnenstrahlen auf deiner Haut, die sanft deinen Körper wärmen. Über dir hörst du das Zwitschern der Vögel, die am strahlendblauen Himmel mit den Wolken dahinziehen.

Du bist ganz entspannt und fühlst, wie du immer ruhiger wirst. Du atmest ganz gleichmäßig, und es ist, als ob du mit jedem Atemzug Frieden in dich einfließen läßt. Du genießt dieses Gefühl eine Weile.

Kurze Pause

Nun erhebst du dich. Du spürst das feuchte Gras unter deinen Füßen und nimmst sein leichtes Kitzeln unter deinen Füßen wahr. Nachdem du ein Stückchen gegangen bist, entdeckst du vor dir einen großen, prächtigen Baum. Schau ihn dir an. Sieh seinen kräftigen Stamm, seine weitverzweigten Äste, sein dichtes Laub Geh ganz nah an ihn heran. Du kannst deinen Baum jetzt riechen. Atme ganz tief ein und nimm seinen Geruch wahr.

Kurze Pause

Jetzt strecke deine Hände aus, berühre seinen rauhen Stamm. Ganz dicht schmiegst du dich an ihn, wobei deine Arme sich um ihn schlingen. Du fühlst das Leben dieses Baumes in dir. Konzentriere dich ganz auf dieses Gefühl.

Kurze Pause

Während du so dort stehst, bemerkt du, wie du dich mit diesem Baum verbindest. Du wirst zu diesem stolzen Baum. Stolz und majestätisch stehst du dort auf der Wiese. Du fühlst deine Wurzeln, die tief in die Erde dringen und sich dort verzweigen. Du spürst, wie sie für dich Nahrung aus dem Boden ziehen und diese durch deinen dicken Stamm hinauf zu den Ästen und Zweigen leiten bis in jedes einzelne Blatt hinein.

Du fühlst die laue Frühlingsluft und spürst, wie an deinen Ästen kleine Knospen sprießen. Mehr und mehr Knospen werden es. Sie werden größer und dicker. Du stehst einfach da und genießt die Sonnenstrahlen auf deinen Blättern. Die Tage vergehen und deine Knospen öffnen sich langsam und werden zu wunderschönen Blüten. Du kannst selbst ihren zarten Duft riechen.

Eines Tages bemerkst du eine Unruhe in deinen Zweigen, und wie du aufmerksam in diese Stelle hinein spürst, entdeckst du ein Vogelpaar, das dort sein Nest baut. Eifrig fliegen sie hin und her. Sie bringen immer wieder neue Zweiglein und Gräser, die sie kunstvoll verbinden, bis ihr kleines Nest fertig ist. Dann setzt sich das Weibchen hinein und beginnt, seine Eier auszubrüten. Das Männchen kommt fürsorglich angeflogen und versorgt es mit Nahrung. Du freust dich über deine Gäste, die dich als Wohnort ausgewählt haben.

Mit der Zeit sind die Tage länger geworden. Die Sonne scheint nun schon wärmer. Der Sommer hat Einzug gehalten. Aus deinen Blüten sind inzwischen kleine Früchte geworden, die immer dicker und reifer werden. Auch in dem kleinen Vogelnest hat sich etwas verändert. Aus den Eiern sind drei kleine Vögelchen geschlüpft, die inzwischen schon ihre ersten Flugversuche unternehmen. Oft sitzen sie aber auch in ihrem Nest und warten hungrig auf ihre Eltern. Das ist ein Gezwitscher, wenn diese nicht schnell genug nach Hause kommen. Doch du magst diese Unruhe. Sie bietet dir viel Unterhaltung.

Nun fühlst du einen warmen Regen auf deine Blätter fallen. Sie fangen ihn auf und leiten ihn durch deine Äste und Zweige, von dort weiter durch deinen Stamm bis in deine Wurzeln hinab. Du genießt dieses sanfte Fließen. Nimm es einen Moment ganz deutlich wahr.

Kurze Pause

Der Regen vergeht, und wieder wärmen dich die goldenen Strahlen der Sonne. Viele Gäste besuchen dich, Menschen und Tiere, die sich in deinem Schatten wohl fühlen. Du freust dich auch über diese Besucher. Höre einmal zu, was sie dir alles zu erzählen haben.

Kurze Pause

Inzwischen sind deine Früchte reif geworden und freuen sich auf die Ernte. Die jungen Vögelchen sind mittlerweile erwachsen geworden und haben ihr Nest verlassen. Auch ihre Eltern bereiten sich schon auf ihren Flug nach Süden vor. Langsam geht der Sommer dahin.
Die Tage werden kürzer. Sonne und Regen wechseln sich ab. Deine Blätter beginnen sich zu verfärben. Sie werden rot und gelb. Es wird allmählich kühler, und die Winde beginnen zu wehen. Immer kräftiger rütteln sie an deinen Ästen und Zweigen. Deine Blätter beginnen sich allmählich von dir zu lösen. Mal schweben sie ganz sachte zu Boden, manchmal werden sie aber auch von einem kräftigen Sturm davongewirbelt.

So vergeht auch der Herbst. Inzwischen haben sich alle Blätter von dir gelöst, und du stehst kahl auf deiner Wiese. Bald fallen die ersten weißen Flocken. Sanft legen sie sich auf deine Äste und Zweige. Sie hüllen dich ein, decken dich zu für einen geruhsamen Winterschlaf. Du freust dich darauf, dich endlich ausruhen zu dürfen. Friedlich beginnst du zu schlafen und genießt die Ruhe, die sich ringsum dich ausbreitet.

Kurze Pause

Sanft berührt dich etwas Warmes. Du erwachst aus deinem Winterschlaf. Über dir leuchtet der klare blaue Himmel. Die Luft ist erfüllt von einem leisen Zwitschern. Die Vögel sind zurückgekehrt. Die Sonne hat dich aus deinem Schlaf geweckt. Wieder ist es Frühling. Tief atmest du ein, fühlst wie neue Nahrung durch deine Wurzeln und deinen Stamm hoch in deine Äste und Zweige fließt. Der Frühling ist eingekehrt und der ganze Kreislauf beginnt von vorn. Während du frisch und ausgeruht dort stehst, fühlst du, wie du dich langsam zurück verwandelst in den , der du bist.

Du stehst da, dicht an den Stamm deines Baumes geschmiegt. Deine Hände umfassen seinen rauhen Stamm, und du fühlst das Leben in ihm. Du dankst deinem Baum dafür, daß du sein Dasein miterleben durftest und so viel über ihn lernen konntest. Langsam löst du dich von ihm. Du siehst, wie ein kleines rotes Eichhörnchen an seinem Stamm emporklettert und in seinen Zweigen verschwindet. Wieder hat sich ein neuer Gast bei ihm ein Zuhause gesucht.

Doch nun verabschiedest du dich von deinem Baum. Du gehst zurück auf deine Lieblingswiese, setzt dich dort nieder und atmest ganz tief durch. Du spürst, wie dich dein Atem weckt. Du wirst immer wacher. Du spürst in deinen Körper hinein, spürst deine Arme und Beine. Du reckst und streckst dich. Langsam öffnest du deine Augen und bist zurück in diesem Raum.

Das goldene Licht

Diese Meditation macht mit der universellen Lebensenergie bekannt, die wir zu uns heranholen können, um deren Kraft zur Heilung und Stärkung unseres Wohlbefindens zu nutzen. Das Visualisieren des goldenen Lichtstrahls sowie das gleichzeitige Auflegen der Hände auf Körperstellen, die sich nicht in Harmonie befinden, ermöglicht es uns, so Wärme und Wohlbefinden dorthin zu leiten.

Entspannung .....

Stell dir vor, du sitzt wieder auf deiner Lieblingswiese. Du fühlst die warmen Sonnenstrahlen auf deiner Haut, fühlst wie ein sanfter Wind in deinen Haaren zaust. Du hörst das Zwitschern der Vögel über dir und beobachtest einen bunten Schmetterling, wie er sachte heranschwebt und sich auf eine Blüte setzt. Leicht vibrieren seine Flügel, während er den süßen Nektar aus der Blüte saugt und dann zur nächsten weiterfliegt. Ganz entspannt schaust du ihm zu.

Nach einer Weile erhebst du dich und gehst über deine Wiese. Du fühlst das weiche, feuchte Gras unter deinen Füßen. Um dich herum siehst du leuchtend bunte Blumen. Du gelangst zu einem bunten Regenbogen. Er scheint ein Geheimnis zu bewahren. Wie ein Tor spannt er sich über die Wiese, und du trittst hindurch. Während du durch das Regenbogentor gehst, fühlst du seine Farben auf deiner Haut. Sie lassen dich mehr und mehr entspannen, und du fühlst dich glücklich und frei.

Auf der anderen Seite des Tores befindet sich ein wunderschöner Garten. Große Mandelbäume stehen am Wegesrand. Sie sind bedeckt mit tausenden von rosa Blüten. Du genießt den Anblick dieser Bäume. Langsam wanderst du weiter. Du gelangst zu einem kleinen Teich, auf dem wunderschöne Seerosen schwimmen. Auch hier verweilst du einen Moment, um die Blütenpracht zu genießen. Du beobachtest ein kleines rotes Eichhörnchen, das über den Weg huscht. Neugierig folgst du ihm. Es läuft zu einem Wasserfall, der von einem hohen Berg springt.

Eigenschaften, wie sie mit dem goldenen Licht in dich einfließen. Du spürst, wie sie sich in deinem ganzen Körper ausbreiten, sich in dir verankern, so daß sie immer bei dir bleiben. Du mußt dich nur an dieses goldene Licht erinnern, um sie zu erfahren.

Verweile nun in dem goldenen Licht und genieße seine Geschenke. Werde dir ihrer bewußt.

Kurze Pause

Langsam weicht der goldene Lichtstrahl zurück. Doch du spürst, daß jenes Licht, welches in dich eingedrungen ist, bei dir bleibt. Der goldene Lichtstrahl wird immer schwächer. Du schaust ihm noch lange nach, bis er ganz hinter den Wolken verschwunden ist.

Nun spürst du eine sanfte Berührung an deinen Schultern. Die zwei hellen Wesen (deine Engel) machen dich darauf aufmerksam, daß du diesen Ort jetzt verlassen mußt. Langsam erhebst du dich, und geführt von deinen Engeln machst du dich an den Abstieg des Berges. Du fühlst dich leicht. Es erscheint dir, als würdest du über den Weg schweben. Du fühlst dich glücklich, völlig entspannt und ausgeruht. All die guten Eigenschaften des goldenen Lichts begleiten dich.

Am Fuße des Berges verabschiedest du dich von deinen Begleitern. Liebevoll nehmen sie dich in ihre Arme. Zur Erinnerung an das goldene Licht überreichen sie dir eine kleine leuchtende Kugel. Dankbar hältst du sie in deinen Händen, während die Engel langsam davongehen. Du winkst ihnen noch nach, doch bald sind sie nicht mehr zu sehen.

Nun machst auch du dich auf deinen Heimweg. Du gehst zurück durch den wunderschönen Garten, vorbei an dem Seerosenteich und den rosafarbenen Mandelbäumen. Wieder siehst du den leuchtend bunten Regenbogen, der sich wie ein Tor über die Wiese spannt. Durch ihn trittst du wieder auf deine Lieblingswiese. Du läßt dich an deinem Lieblingsplatz nieder. Träumend hältst du die kleine leuchtende Kugel in deiner Hand. Tief in dir fühlst du das goldene Licht mit all seinen Kräften. Du atmest tief durch, spürst Glück, Frieden und Vertrauen in dir. Du atmest noch einmal tief. Mit jedem Atemzug spürst du, wie du wacher wirst. Du fühlst deinen Körper, der ausgeruht und entspannt dort liegt. Du fühlst deine Arme und Beine, die du nun streckst. Und wenn für dich der richtige Zeitpunkt kommt, öffnest du ganz langsam deine Augen und bist ganz wach und zurück in diesem Raum.

Der Tropfen

In dieser Meditation verwandelt sich das Kind in einen kleinen Wassertropfen und erlebt, wie es sich als Teil eines großen Ganzen, aber auch als Individuum fühlt. In der Gemeinschaft ist es geborgen und wird von dieser mitgetragen, als Individuum hat es die Möglichkeit, eigene Abenteuer zu erleben. Diese Phantasiereise bietet die Möglichkeit, über die Existenz als Teil des Ganzen sowie als Einzelwesen nachzudenken. Auch sind die Umwandlungsprozesse, vom Wassertropfen zu Eis und später zu Dunst, nachvollziehbar.

Entspannung ......

Stell dir vor, daß heute ein herrlicher warmer Sommertag ist. Du sitzt an einem Strand am Meer im warmen Sand. Die Sonne streichelt deine Haut. Über dir fliegen einige weiße Möwen. Du schaust ihnen zu, wie sie durch die laue Luft gleiten und sich plötzlich kreischend auf ein Stückchen Brot stürzen, das ihnen jemand zuwirft.

Du blickst auf die großen Sanddünen, die der Wind im Laufe vieler Jahre zusammengetragen hat, siehst das Dünengras, das tapfer Wind und Wetter standhält.

Du fühlst dich ganz ruhig und entspannt, während du das Rauschen des Meeres und das sanfte Klatschen der Wellen hörst, wenn sie den Strand erreichen. Du wirst immer ruhiger.

Nach einer Weile entschließt du dich, aufzustehen und dem Meer entgegen zu gehen. Du stehst nun an seinem Ufer, schaust einer Welle zu, die über den Sand rollt und deine Füße umspült. Du genießt das erfrischende Wasser auf deiner Haut und entschließt dich, weiter ins Meer hineinzugehen. Mit jedem Schritt steigt das Wasser an deinem Körper höher. Es erreicht deine Knie. Es benetzt deinen Bauch, und schon bald sind auch deine Schultern vom Wasser bedeckt.

Du läßt dich ganz ins Wasser gleiten. Dein Körper ist ganz leicht und das Wasser trägt ihn sicher. Ganz gleichmäßig schaukelst du mit den Wellen. Mal wirst du von ihnen hochgehoben, dann gleitest du wieder sanft hinab in ein Wellental. Dieser Rhythmus läßt dich noch ruhiger werden, und du entspannst dich mehr und mehr. Du fühlst, wie dein Kopf völlig frei ist, wie dein Körper ganz weit wird und du immer ruhiger wirst. Du schaukelst dahin. Nichts zählt mehr. Alles ist unwichtig geworden. Zeit scheint nicht mehr zu existieren. Du treibst einfach dahin, treibst dahin, wie das Meer. - Und allmählich bemerkst du, wie du dich selbst in einen Wassertropfen verwandelst. Du wirst ein Teil des großen weiten Meeres. Deine Grenzen haben sich aufgelöst.

Du fühlst dich unendlich weit, verbunden mit dem großen weiten Meer. Mit ihm fließt du dahin, ganz unbeschwert und frei. Manchmal peitscht du in einer mächtigen Welle gegen einen großen Felsen, dann trennst du dich wieder für kurze Zeit von ihr und springst als Tropfen übermütig in die Höhe, bevor du fröhlich zurück in das tosende Meer fällst. Wenn du von diesem Toben erschöpft bist, läßt du dich wieder eine Weile einfach treiben, ruhst dich aus und entspannst dich, während du sanft dahin schaukelst.

Du bemerkst, wie die Jahreszeiten wechseln. Als du im Winter zu weit auf den Strand rollst, gefrierst du dort zu Eis. Du hast dir diese Ruhepause verdient. Wohlig schlummerst du dahin. Grenzenlose Ruhe breitet sich in dir aus. Du schläfst und träumst.

Kurze Pause

Mit einem Mal spürst du einen kräftigen Sonnenstrahl auf dir. Die Wärme, die er dir schenkt, läßt dich auftauen. Sie weckt dich aus deinem Schlaf. Du fühlst, wie die Grenzen von dir abfallen und spürst die unendliche Freiheit des Meeres in dir.

Der Sonnenstrahl lädt dich zu einer neuen Reise ein. Er verwandelt dich in Dunst, um dich so dem Himmel entgegen zu heben. Ganz leicht bist du, und es ist ein herrliches Gefühl, sachte in der lauen Frühlingsluft zu schweben. Viele Tropfen steigen gemeinsam mit dir auf - und ihr verbindet euch zu einer kleinen weißen Wolke.

Ein milder Wind treibt euch sanft voran. Gemeinsam zieht ihr über den blauen Himmel. Wohlig entspannt und geborgen liegst du in deiner Wolke. Unter dir siehst du das Meer, Wiesen, Felder, Berge, Wälder und Dörfer.

Je weiter ihr zieht, um so mehr Tropfen schließen sich deiner Wolke an. Ihr werdet immer dichter zusammengedrückt. Die Wolke wird immer größer und schwerer. Inzwischen ist aus ihr schon eine ganz dicke graue Regenwolke geworden.

Die große schwere Regenwolke öffnet sich und schickt dich nun als Regentropfen zur Erde zurück. Gemeinsam mit vielen Tropfenfreunden läßt du dich auf sie hinabfallen. Es ist eine muntere Reise, bei der du fröhlich jubelst. Übermütig näherst du dich der Erde. Vergnügt springst du auf eine Wiese.

Zusammen mit den vielen anderen Tropfen bringst du der Erde die lang ersehnte Feuchtigkeit. Du spürst, wie durch dich neues Leben erwacht. Alles um dich herum beginnt zu sprießen und zu wachsen. Du blickst hinauf zum Himmel, der nun wieder leuchtend blau über dir liegt. Die Sonne sendet ihre wärmenden Strahlen herab und läßt dich in den herrlichsten Regenbogenfarben glitzern. Alles um dich herum beginnt zu blühen. Immer mehr Knospen öffnen sich zu wunderschönen Blüten. Es ist, als ob die Erde aus einem langen Schlaf erwacht.

Während die Farben um dich herum immer leuchtender und vielfältiger werden, bemerkst du, wie du dich langsam zurückverwandelst in den Menschen, der du bist. Du spürst in deinen Körper hinein, fühlst deine Arme und deine Beine. Du bewegst sie und atmest ganz tief durch. Du fühlst, wie du mit jedem Atemzug wacher wirst. Langsam öffnest du deine Augen und bist wieder ganz zurück in diesem Raum.

Der weise Mann im Berg

Von einer blühenden Frühlingswiese wird das Kind zu einem Berg geführt. Es entdeckt dort eine Öffnung, durch die es in eine kostbare Höhle gelangt. Nachdem es dort in einem See alle Ängste und Sorgen von sich abwaschen kann, begegnet es einem alten weisen Mann - seinem Unterbewußtsein - dem es eine Frage stellen kann, deren Antwort es im Alltag aufgrund unterschiedlicher Gefühle nicht finden kann.

Entspannung ....

Stell dir vor, du sitzt auf einer blühenden Frühlingswiese. Die ersten Blüten strecken vorsichtig ihre Köpfe aus der Erde. Die Sonne schickt ihre bereits kräftigen Strahlen auf die Erde und erweckt sie zu neuem Leben. Du spürst ihre sanfte Wärme auf deiner Haut. Durch ihre Kraft öffnen sich zaghaft die jungen Knospen an den Bäumen und verströmen einen lieblichen Duft. Auch die ersten Vögel sind aus dem Süden zurückgekehrt und verkünden zwitschernd ihre Ankunft.

Um dich herum erwacht die Natur, und auch du fühlst dich ausgeruht und entspannt, bereit zu einem kleinen Abenteuer. Deshalb erhebst du dich jetzt und gehst über die Wiese. Das hohe Gras streift deine Beine, und du schaust dich aufmerksam um. Du entdeckst viele kleine Tiere. Schau einmal ! Dort läuft ein kleines weißes Kaninchen. Es setzt sich nieder, stellt seine langen Ohren auf, und rennt dann flink davon. Schon ist es deinem Blick entschwunden.

Durch die Wiese schlängelt sich ein kleiner Bach. Zwei kleine Fische schwimmen munter darin herum. Doch wenn du deine Hand in das Wasser hältst, verstecken sie sich schnell unter einem dicken Stein. Eine Weile spielst du mit deinen Händen in dem klaren Wasser. Es ist jedoch zu dieser Jahreszeit noch recht kühl, deshalb ziehst du deine Hände bald zurück und reibst sie dir erst einmal trocken und warm.

In der Nähe findest du ein Holzbrett, das du über den Fluß legst, damit du auf seine andere Seite gelangen kannst. In der Ferne siehst du einen großen mächtigen Berg. Ein schmaler Weg führt auf ihn zu. Du beschließt, diesem Weg zu folgen. Er steigt leicht an, doch es macht dir keine Mühe, ihm zu folgen. Am Wegrand wachsen dichte Büsche und du erfreust dich an ihren zarten grünen Blättern.

Nach einer Weile stehst du vor einer kahlen Felswand. Majestätisch ragt der Berg vor dir in den Himmel. Zunächst stehst du unentschlossen vor ihm und schaust ihn dir genau an. Du streckst deine Hand aus und berührst den harten kalten Stein. Du spürst seine ungeheure Kraft. Sie läßt dich erkennen, wie alt dieser Berg schon ist und was er im Laufe der vielen Jahre schon alles gesehen hat.

Kurze Pause

Jetzt entdeckst du einen Spalt in der Felswand. Du schaust hinein und stellst fest, daß sich hinter dieser Öffnung ein langer Gang befindet. Von irgendwoher fällt ein helles Licht in den Gang, und so fühlst du dich sicher und trittst ein. Nach wenigen Schritten erkennst du, daß die Felswände aus glitzernden Edelsteinen bestehen. Sie funkeln und strahlen, und in dir breitet sich ein fast feierliches Gefühl aus. Zaghaft berührst du die kostbare Wand und spürst eine Wärme in dir aufsteigen, die dir Glück und Geborgenheit schenkt.

Aber geh jetzt weiter durch den Gang. An seinem Ende betrittst du eine große, geräumige Höhle. Durch eine Öffnung fällt gleißendes Sonnenlicht in diese Höhle. Staunend schaust du dich um. Die Wände sind mit kostbaren Diamanten bedeckt. Von einer Wand fällt ein Wasserfall in einen klaren blauen See. Sein Wasser ist erstaunlich warm, und daher entschließt du dich, zunächst ein Bad zu nehmen. Du steigst in den See und spürst, wie du wunderbar entspannst, alle Ängste, alle Sorgen, alle Unsicherheiten fallen von dir ab. Du fühlst nur noch Frieden in dir.

Kurze Pause

Du steigst aus dem See. Weiche Tücher liegen hier für dich bereit, mit denen du dich nun abtrocknest. Aus einer Ecke der Höhle siehst du einen gutmütigen alten Mann auf dich zukommen. Er begrüßt dich mit deinem Namen und sagt dir, daß er dein weiser Mann ist. Jeder Mensch trägt einen weisen Mann in sich, der ihm auf seine Fragen eine Antwort geben kann.
Du hast jetzt die Möglichkeit, deinem weisen Mann eine Frage zu stellen. Überlege dir eine Frage, die dir wichtig erscheint.

Kurze Pause

Bitte den weisen Mann um eine Antwort. Wenn du ihm deine Frage gestellt hast, geht er zu einem großen Bücherregal, das du bisher noch gar nicht bemerkt hast. Er holt aus diesem Regal ein dickes Buch, das in Leder eingebunden ist. Neugierig schaust du dir den Titel des Buches an. Dort steht in großen kunstvoll geschwungenen Buchstaben dein Name. Der alte weise Mann läßt sich auf einem bequemen Stuhl an einem großen Schreibtisch nieder und schlägt das Buch auf. Wenn du magst, kannst du dich neben ihn setzen. Suchend blättert er in diesem Buch, bis er die Antwort gefunden hat.

Warte nun geduldig auf seine Antwort. Er wird sie dir mitteilen. Jedoch muß seine Antwort nicht allein aus Worten bestehen, es können auch Bilder oder Gefühle in dir auftauchen. Achte auf alles, was in dir oder vor deinen Augen auftaucht.

Längere Pause
von 3 - 5 Minuten

Ist es dir gelungen, die Antwort zu empfangen? Dann bewahre sie gut in deiner Erinnerung. Solltest du das Gefühl haben, keine Antwort erhalten zu haben, so sei nicht traurig, sondern bitte den weisen Mann, dir bei deinem nächsten Besuch eine deutlichere Antwort zu geben.

Genieße nun noch einen Moment das Zusammensein mit dem freundlichen alten Mann. Lausche seiner Geschichte, die er über den alten Berg zu erzählen weiß.

Kurze Pause

Dann wird es Zeit, dich von dem weisen Mann zu verabschieden. Liebevoll nimmt er dich in seinen Arm und wünscht dir einen schönen Heimweg. Er geleitet dich durch die Höhle, und du siehst noch einmal die funkelnden Diamanten an der Wänden und den spritzenden Wasserfall, der den klaren blauen See mit seinem warmen Wasser füllt. Durch den hellen Gang mit den glitzernden Edelsteinen erreichst du die Öffnung, die dich wieder ans Tageslicht führt. Hier verläßt du den weisen Mann. Er winkt dir noch nach und du erwiderst seinen Gruß.

Glücklich springst du über den Weg, der dich zurück zum Fluß führt. Du nimmst deine Umwelt jetzt ganz anders wahr. Die Sonne scheint kräftiger. Die Blumen zeigen inzwischen leuchtend bunte Blüten, und auch das Wasser des Flusses scheint noch klarer zu sein. Auch die zwei kleinen Fische sind wieder aufgetaucht, und sie scheinen dich tatsächlich anzulächeln. Auch du lachst ihnen zu, bevor du wieder das Brett benutzt, um auf die andere Seite des Flusses zu gelangen.

Jetzt stehst du wieder auf deiner Lieblingswiese. Du setzt dich noch einmal dort nieder und schaust den Wolken am Himmel zu, wie sie vom Wind getrieben dahinziehen. Mit jeder Wolke, die vorüberzieht, spürst du mehr und mehr deinen Körper. Du wirst dir wieder deiner Arme und Beine bewußt, atmest tief durch und kommst zurück in diesen Raum.

Die Begegnung im Urwald

Begleitet von seinem Schutzengel begibt sich das Kind in ein Abenteuer im Urwald, wo es Freundschaft mit einem kleinen Affen schließt. Dieser kleine Affe führt es in einen magischen Tempel, in dem das Kind sich an einen Moment des Glücks erinnert. Es spürt dieses Glück erneut und verankert es in sich.

Entspannung.........

Stell dir vor, du stehst auf einer großen Lichtung in einem fremden Land. Vor dir liegt der Urwald. Im Licht der aufgehenden Sonne sieht er geheimnisvoll aus. Von Ferne klingen fremde Geräusche an dein Ohr. Du hörst das Zwitschern unbekannter Vögel. Das Rauschen der Bäume im Wind klingt ein bißchen wie dumpfer Flötenklang. Der Morgen ist noch etwas kühl und feucht, doch schon bald werden die Sonnenstrahlen ihre Wärme zur Erde senden.

Du fühlst dich frisch und entspannt, während du dich zu einem Abenteuer in diesem Urwald entschließt. Zunächst einmal blickst du dich um. Du siehst vor dir die jahrtausende alten Bäume des Urwalds aufragen. Mächtig und geheimnisvoll strecken sie sich dem Himmel entgegen. Nur wenige Sonnenstrahlen durchdringen ihr dichtes Laub.

Nun entdeckst du neben dir eine leuchtende Gestalt. Du erkennst deinen Schutzengel, der dich freudig begrüßt. Du weißt, bei ihm wirst du dich während deines Abenteuers im Urwald sicher und geborgen fühlen. Du freust dich darauf, die Geheimnisse dieses Dschungels kennenzulernen, daher ergreifst du seine ausgestreckte Hand und gehst entschlossen mit ihm auf diesen Wald zu. Du weißt, in seiner Begleitung wird dir nichts geschehen.

Schon nach wenigen Schritten hast du den Rand des Waldes erreicht. Du riechst den erdigen Geruch des feuchten Waldbodens. Über dir hörst du das Surren von

Insekten und die Rufe fremder Vögel. Du gehst tiefer in den Wald hinein. Bald ist kein Pfad mehr zu erkennen, so daß du dir deinen Weg durch dichtes Gestrüpp bahnen mußt.

Aufmerksam nimmst du all die fremden Eindrücke wahr, die dich hier umgeben. Du entdeckst auf deinem Weg wunderschöne Blumen, die nur hier wachsen. Ihre leuchtenden Farben ziehen deinen Blick auf sich. Schau dir einmal die seltenen Formen ihrer Blüten an und atme ihren lieblich süßen Duft ein. Wie verzaubert bist du von dieser Schönheit.

Du spürst, wie die Hitze des Tages zunimmt, doch dich kann nichts davon abhalten deinen Weg fortzusetzen. Nachdem du eine Weile gegangen bist, hörst du in deiner Nähe das Plätschern von Wasser. Du gehst diesem Geräusch nach und gelangst an einen Wasserfall. Von einem steilen Felsen springt das Wasser in die Tiefe, wo es seine Reise in einem klaren Bach fortsetzt. Im Laufe vieler Jahre hat das Wasser den felsigen Boden zu einem Becken ausgewaschen, das nun wie ein kleiner See vor dir liegt.

Da dich deine Wanderung durch den Urwald erhitzt hat, beugst du dich zunächst einmal nieder und schöpfst mit deiner Hand das klare Wasser, um zu trinken. Dann erfrischst du dein Gesicht, und schließlich legst du deine Kleider ab und steigst in das Wasserbecken, um ein erfrischendes Bad zu nehmen.

Du läßt dir viel Zeit, um das erfrischende Wasser auf deiner Haut zu spüren. Du schwimmst und tauchst durch dieses herrliche Becken. Übermütig genießt du diese wunderbare Erfrischung.

Kurze Pause

Nach einer Weile steigst du wieder ans Ufer. Hier hält dein Schutzengel für dich frische Kleidung bereit, die du überziehst. Erholt setzt du dich auf einen umgefallenen Baumstamm und genießt die Klänge des Urwalds um dich herum. Du fühlst dich erfrischt und spürst die Hitze um dich herum nur noch als angenehme Wärme.

Während du so verträumt auf deinem Baumstamm sitzt, geborgen in der Nähe deines Schutzengels, und vor dir auf das glitzernde Wasser blickst, nimmst du das Rascheln von Laub über dir wahr. Bald wird es lauter und von dem Knacken von Zweigen begleitet. Du schaust dich um. Da springt mit heftigem Schwung ein kleines niedliches Äffchen aus einem der Bäume vor dir auf den Boden. Neugierig kommt es auf dich zu. Es betrachtet dich von allen Seiten, bis es schließlich auf deinen Schoß springt und dir übermütig die Haare zerzaust. Schnell schließt du mit diesem lustigen kleinen Gesellen Freundschaft. Nimm dir etwas Zeit und genieße das Zusammensein mit ihm. Ihr könnt herumtoben und spielen, geradeso, wie es dir im Moment Spaß bereitet.

Kurze Pause

Nachdem ihr einige Zeit miteinander verbracht habt, nimmt dich dein neuer Freund an seine Hand. Du spürst, daß er dir etwas zeigen will, denn er zerrt an deinem Arm, um dich mitzunehmen. Während dein Schutzengel immer in deiner Nähe bleibt, folgst du dem kleinen Äffchen durch den immer dichter werdenden Dschungel. Dann bemerkst du, daß ihr euch einer Lichtung nähert, denn immer mehr Sonnenstrahlen fallen durch das Laub der Bäume, und es wird heller um dich herum. Bald habt ihr diese Lichtung erreicht.

Neugierig schaust du dich um. Auf einer großen Wiese entdeckst du einige alte Figuren, die schon seit Ewigkeiten hier zu stehen scheinen, die jedoch trotz ihres hohen Alters noch recht gut erhalten sind. Wie steinerne Wächter stehen sie vor einem geheimnisvollen alten Gebäude, dessen Dach von starken Säulen gehalten wird.

Während du noch staunend auf dieses Bauwerk blickst, drängt dich dein kleiner Freund, das Innere dieses alten Tempels zu betreten. Schon an seinem Tor spürst du, daß dich hier etwas Besonderes erwartet. Du stehst jetzt in einem großen Raum, in dessen Mitte sich ein großer funkelnder Edelstein befindet. Langsam gehst du darauf zu, und vorsichtig berührst du diesen Stein. Du spürst, wie sich in deinem Körper eine wunderbare Wärme ausbreitet, wie dein Kopf ganz klar wird und in dir die Erinnerung an einen Moment aufsteigt, in dem du einmal ganz glücklich warst. Du hast nun genügend Zeit, dich an diesen glücklichen Moment zu erinnern. Spüre, wie die Erinnerung daran in dir immer höher steigt.

Kurze Pause

Du siehst vor dir die Bilder dieses glücklichen Moments. Spüre in deinen Körper hinein und empfinde, wie du dich in diesem Moment gefühlt hast, wie sich das Glücklichsein anfühlt.

Kurze Pause

Du erlebst diesen glücklichen Moment wieder. Du fühlst dich glücklich. In deinem ganzen Körper fühlst du dein Glück. Du sprichst zu dir: „Ich bin glücklich. Ich bin glücklich. Ich bin glücklich. Ich fühle mein Glück. Ich fühle mein Glück. Ich fühle mein Glück. Niemals will ich dieses Glück vergessen."

Bitte dich selbst darum, dich immer an dieses Glücksgefühl zu erinnern, auch wenn du einmal traurig bist. Bitte dich selbst auch darum, in diesen Momenten dein Glück spüren zu dürfen, damit du dich bald wieder besser fühlen kannst.

Kurze Pause

Da du nun weißt, daß du dich immer glücklich und zufrieden fühlen kannst, genießt du noch eine Weile dieses gute Gefühl.

Kurze Pause

Die Zeit ist vergangen, ohne daß du es bemerkt hast. Es ist nun der Augenblick gekommen, diesen wundervollen Ort zu verlassen. Dein kleiner Freund und dein Schutzengel warten bereits darauf, dich aus dem Urwald hinaus zu führen. Langsam verlaßt ihr diesen Tempel. Über die Lichtung gelangt ihr zurück in den Urwald. Wieder hörst du die abenteuerlichen Geräusche, die diesen Dschungel durchdringen. Begleitet von deinem Schutzengel und dem kleinen Äffche gehst du deinen Weg zurück. Bald habt ihr den Rand des Waldes erreicht, wo du dich liebevoll von deinem kleinen Freund verabschiedest. Du kraulst ihm zum Abschied sein Fell. Dann springt er zurück in den Dschungel. Du winkst ihm noch eine Weile nach, bevor du dich auf der Wiese niederläßt.

Während die Sonne bereits zu sinken beginnt, spürst du weiterhin das tiefe Glück in dir, das du niemals wieder vergessen wirst. Wenn nun die ersten Sterne am Himmel zu funkeln beginnen, atmest du tief durch. Du spürst in deinen Körper hinein, fühlst deine Arme und Beine und bewegst sie. Ganz langsam öffnest du deine Augen und bist wieder ganz zurück in diesem Raum. Du bist wach, fühlst dich erfrischt, entspannt und unendlich glücklich.

Jürgen Grasmück / Angela Niels
Meine Schutzengel
Himmlische Helfer, die immer für mich da sind
Liebevolle Hilfe für den Alltag

Ein engelhaftes Vergnügen für tausend Gelegenheiten, geeignet zum Autogenen Training, zur Meditation – oder auch nur, um Rat bei den Engeln zu holen für einen glücklichen und harmonischen Alltag.
Für Kinder ab 6 Jahren und für das Kind im Erwachsenen bis ...
55 Karten, Format: 5,8 x 9 cm,
mit 10-seitigem Schutzengelbrief-Leporello

€ (D) 15,90 / SFR 28,80
ISBN 3-931723-01-1

Ruth Maria Kubitschek sagt:
„Mit diesen Karten lernen die Kinder spielend ihre Sorgen abzugeben und eine höhere Kraft walten zu lassen…"

Heidrun Streit-Gallo
Engel der Leichtigkeit
CD, ca 40 Minuten Gesamtlaufzeit, mit 4-farbigem Booklet
€ (D) 14,90 / SFR 27,10 / ISBN 3-931723-11-9

Heidrun Streit-Gallo
Engel der Tierliebe
CD, ca 40 Minuten Gesamtlaufzeit, mit 4-farbigem Booklet
€ (D) 14,90 / SFR 27,10 / ISBN 3-931723-10-0

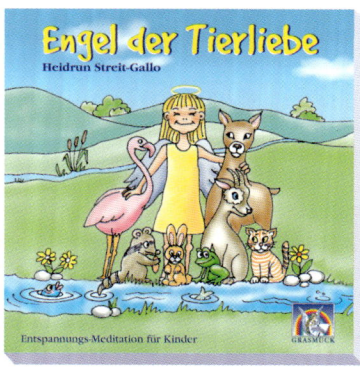

Bei Kindern darf heute das Abschalten und Entspannen nicht fehlen, um ein gesundes Heranwachsen zu ermöglichen. Durch die vorliegenden geführten Meditationen lernt das Kind seine himmlischen Helfer kennen und durch die Begegnung mit seinem Engel kann das Kind himmlische Hilfen erfahren. Unterstützt von einer wunderschönen beruhigenden Musik gleitet das Kind in die Entspannung, aus der es neue Kräfte schöpfen kann, um frisch und erholt seinen Alltag fortzusetzen oder sanft in den Schlaf und seine Träume überzugehen.

Jede CD enthält 2 Teile:
    1. Teil: geführte Engel-Meditation und entspannende Musikuntermalung
    2. Teil: Entspannungsmusik

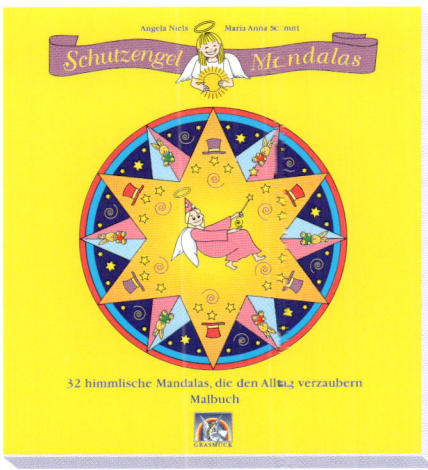

Angela Niels / Maria Anna Schmitt
Schutzengel-Mandalas
32 himmlische Mandalas, die den Alltag verzaubern
Malbuch, kart., Format: 24 x 26,5 cm
€ (D) 9,90 / SFr 17,40
ISBN 3-931723-02-X

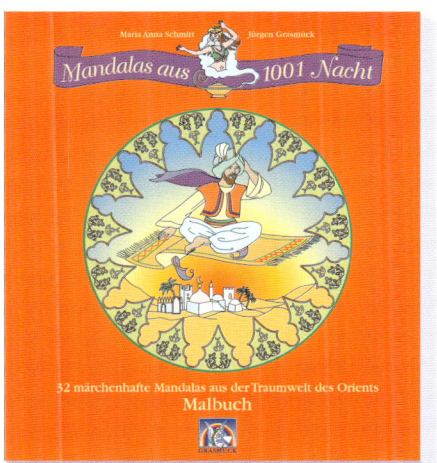

Maria Anna Schmitt / Jürgen Grasmück
Mandalas aus 1001 Nacht
32 märchenhafte Mandalas aus der Traumwelt des Orients
Malbuch, kart., Format: 24 x 26,5 cm
€ (D) 9,90 / SFr 17,40
ISBN 3-931723-04-6

Jürgen Grasmück / Maria Anna Schmitt
Elfenwelten-Mandalas
32 Mandalas zum Ausmalen mit Weisheiten zum Träumen und Glücklichsein
Malbuch, kart., Format: 24 x 26,5 cm
€ (D) 9,90 / SFr 17,40
ISBN 3-931723-03-8

Andrea Schacht / Maria Anna Schmitt
Feen und Naturgeister
Elfen- und Feengeschichten mit Bildern zum Ausmalen
geb., 64 Seiten, 18 s/w-Abb.,
Format: 24 x 26,5 cm
€ (D) 12,90 / SFr 22,60 /
ISBN 3-931723-09-7